Katharina Barth-Duran

40 Tage mit meiner Königin

Katharina Barth-Duran

40 Tage mit meiner Königin

Aufstehen zum Leben
Ein spiritueller Weg

HERDER
FREIBURG · BASEL · WIEN

MIX
Papier aus verantwortungsvollen Quellen
FSC® C014496
www.fsc.org

www.herder.de

Umschlaggestaltung, -motiv und Illustrationen im Innenteil:
Sabine Hanel, Gestaltungssaal
Satz: Carsten Klein, Torgau
Herstellung: GGP Media GmbH, Pößneck

Printed in Germany

ISBN Print 978-3-451-39238-2
ISBN E-Book 978-3-451-82652-8

Für meine Töchter und Enkeltöchter
und alle mutigen Frauen der Zukunft

Inhalt

Vorwort

Um eine Königin soll es in diesem Buch gehen. Um meine Königin, deren Königtum nicht von dieser Welt ist. Ihre königliche Würde ist nicht auf Reichtum, Schönheit und Macht gegründet. Sie ist alles andere als makellos, fehlerfrei und perfekt. Ja, ihre Schönheit kommt sogar von diesen Unebenheiten, Schwächen, Äußerlichkeiten, mit denen wir uns oft so schwertun.

Meine Königin steht auch nicht in der Erbfolge einer reichen Dynastie, der das Geschick ganzer Völker und Länder in die Wiege gelegt ist. Von ihr lese ich nichts in den Klatschspalten der bunten Illustrierten. Sie gehört nicht zu den VIPs, deren Glanz und Schicksal Woche für Woche die einfachen Leute auf der Straße interessieren könnten. Nein, sie gehört selbst zu diesen einfachen Leuten auf der Straße. Auch wenn sie vielleicht übersehen wird, ist sie keinesfalls unsichtbar.

Ein Abbild meiner Königin steht jetzt vor mir. Sie ist etwa 40 cm groß, aus einem alten Eichenbalken geschnitzt, die Augen geschlossen, ein Lächeln auf den Lippen und in aufrechter Haltung. Ihre Kleidung besteht aus einem schlichten weißen Gewand, das mich an mein Taufkleid erinnert. Seit einem Jahr darf ich sie beherbergen, die Skulptur meiner Königin. Es tut mir gut, sie vor mir zu sehen, weil sie mir Wesentliches zeigen kann, etwas, was mir zuinnerst ist.

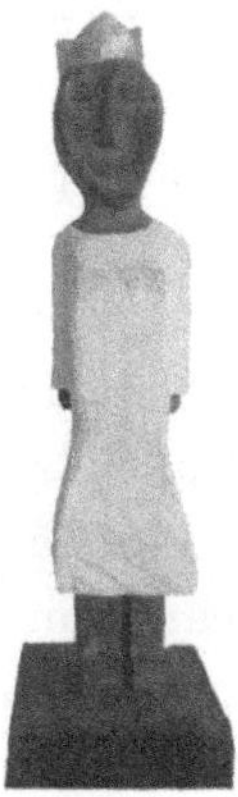

Meine kleine Königin aus Holz hat mich zu diesem Buch inspiriert und will uns in den nächsten 40 Tagen begleiten. Das kann sie behutsam und einfühlsam. Sie versteht es, in jedem Menschen seine besten Seiten hervorzurufen und seine eigene innere königliche Würde zu entdecken. So geht es in diesem Buch auch um die innere Königin und den inneren König, die jede und den jeder von uns im eigenen Inneren entdecken kann.

In den kommenden 40 Tagen wird uns die Königin in den Kapiteln dieses Buches durch ganz verschiedene Lebenssituationen und wechselnde Lebensphasen begleiten.

Innere Landschaften unserer Seele tauchen vor uns auf, wenn wir mit meiner Königin in einer Wüste, im Licht oder im Garten unterwegs sind. Sie kann unseren Blick lenken auf Reifen und Verkümmern. Im Missachtetsein und menschlichen Verurteilen hilft sie, die verlorene Tochter und den Weg in die Freiheit wiederzufinden. Letztendlich unterstützt sie uns zur eigenen Hingabe beim Brotbrechen.

Der Weg, zu dem ich Sie einladen möchte, ist ein spiritueller Weg, auf dem wir einem König folgen, dessen Königtum nicht von dieser Welt ist. »Jesus von Nazareth – König der Juden« lautete die Inschrift, die Pilatus am Schandpfahl über dem Gekreuzigten anbringen ließ.

Gerade weil ich eine Frau bin und Jesus sich nicht über sein Mannsein definieren lässt, ist es mir auf meinem eigenen spirituellen Weg immer wichtiger geworden, immer deutlicher meine innere Königin wahrzunehmen, die in sehr naher

Verbindung zu diesem König Jesus steht, dessen Königreich anders als die Königreiche dieser Welt ist. Es hat mit meiner Würde, mit meiner Berufung und meinem eigenen Weg zu tun, wenn ich von und zu meiner Königin spreche.

Auf meinem Weg waren es immer wieder Menschen und Orte, die mir den nächsten Schritt gezeigt haben. So war es auch bei meiner Begegnung mit Ralf Knoblauch in Bonn. Er ist Diakon, Schnitzer und Künstler. In seiner Pfarrhaus-Scheune stand plötzlich eine große Schar geschnitzter Könige und Königinnen vor mir. Inzwischen sind sie in aller Welt zu Hause: in Brennpunktvierteln, bei obdachlosen und arbeitslosen Menschen, bei Alleinerziehenden und Kirchenfrauen, bei Toilettenfrauen in den Bahnhöfen der Großstadt, in Psychiatrien oder Heimen, in Slums, Flüchtlingslagern und auf Rettungsschiffen – überall Königinnen und Könige, Kinder, Frauen und Männer mit königlicher Würde.

Ja, wir alle können unseren Lebensweg mit königlicher Würde gehen, wie Jesus, der Menschensohn, es uns vorgelebt hat.

Die jüdischen Wurzeln seines und unseres Glaubens, das Geheimnis des Pascha-Mysteriums, begründen diesen Weg zum Leben, ein Aufstehen zum Leben, das wir nicht nur an Ostern feiern können. »Täglich gehen wir diesen Weg – durch Leiden und Sterben hindurch bis zur Auferstehung«, sagte Frère Roger aus Taizé, und so wünsche auch ich mir, dass wir ein »Fest ohne Ende« feiern können –

von Herzen *katharina*

Die Königin in mir entdecken

Aschermittwoch

Liebe Königin,

Du wirst Dich wundern, dass ich Dir schreibe, wo wir doch unter einem Dach leben und uns täglich begegnen. Ab und zu habe ich das Bedürfnis, wieder aufmerksam zu werden auf das Alltägliche, Gewohnte und auf vertraute Menschen, die zu meinem Leben gehören. Wenn sie mir genommen würden oder sie plötzlich gehen müssten, würde mir so vieles fehlen. Es ist wie mit der Luft zum Atmen. Nichts ist selbstverständlich!

Und so hat mein Brief auch etwas mit meinem dankbaren Herzen zu tun und mit der Freude darüber, dass wir uns begegnet sind. Eigentlich warst Du ja schon immer in meinem Leben, vielleicht näher, als ich mir selber bin. Aber sich selbst kennenzulernen und sich immer vertrauter zu sein, das braucht manchmal Jahre.

Wie froh war ich, als ich Dich endlich entdeckt hatte!

Als ich Dich in der Künstlerwerkstatt von Ralf Knoblauch in Bonn stehen sah, schienst Du mir so etwas wie mein inneres Ebenbild zu sein. Wenn Ralf nicht in seiner Künstlerwerkstatt kreativ ist, ist er als Diakon und Seelsorger in seinem Brennpunktviertel unterwegs. Ihn bewegt das Anliegen, jedem Menschen seine eigene Würde sichtbar zu machen. Seine Kunst besteht darin, sogar aus einem alten Holzklotz noch ein lebendiges Gesicht, einen Menschen, eine Königin oder einen

König werden zu lassen. Das ist wirklich eine ganz besondere Kunst!

So sah ich bei ihm eine ganze Königinnenschar vor mir aufgereiht, auch Könige, und ich durfte aussuchen, welche Königin nun zu mir gehören sollte.

Warum ich gerade Dich ausgewählt habe, meine Königin? Das kann ich nicht mehr genau sagen. Du bist weder auffallend groß noch schön. Vielleicht hatte ich gar keine andere Wahl. Jedenfalls trägst Du wie alle anderen ein schlichtes, weißes Gewand, hast Deine Augen geschlossen und ein Lächeln auf den Lippen. Ganz freundlich bist Du mir begegnet und eine tiefe Ruhe kam zu mir, als ich Dich ansah. Das war wohl ausschlaggebend. Denn ich habe Dich gebraucht nach diesem Winter.

Der letzte Winter war hart. Du weißt, welche Lasten und Sorgen mich damals niederdrückten. Du kennst meine Familie, die Kirche, die Welt. Alle sind wir miteinander verwoben. Oft reicht meine winzige Kraft nicht aus, um dieses Chaos, ein Wirrwarr aus dem Machtgehabe der Mächtigen und der Not und dem Leid der Armen und Kleinen, zu ertragen. Es ist gut, Dich als Stütze an meiner Seite zu wissen, meine Königin! Gerade jetzt, wo eine besondere Zeit beginnt.

Der Frühling kommt und das große Osterfest ist in Sicht.

Geteilte Freude ist doppelte Freude, wenn wir gemeinsam das Gesicht den Sonnenstrahlen entgegenstrecken, die ersten zarten Blumen bestaunen oder uns aufs Fahrrad setzen und durch die Felder fahren, in denen hier und da frisches Grün zu sprießen beginnt.

Und geteiltes Leid ist halbes Leid. Immer wieder werden liebe Menschen in unserer Nähe krank, alt und müssen sterben. Oder es gibt Katastrophen und Streit, selbst unter Geschwistern, ja weltweit gesehen eine unglaubliche Menge an Hass, Krieg, Elend und Hunger. Auch kommen Gier und Unachtsamkeit hinzu, die unseren wunderschönen Planeten zerstören und alle Kreaturen leiden lassen.

Ich kenne einen großen König, der davon zutiefst betroffen war, den es sogar das eigene Leben gekostet hat, dieses Leid der Welt zu tragen. Lass uns gemeinsam gehen. Lass uns gemeinsam die Erinnerung pflegen an sein Königreich der Liebe und des Verstehens. Es kann auch heute noch unter uns wachsen. Wenn sein Reich unter uns wächst, wächst auch der Wert und die Würde eines jeden Menschenlebens und setzt uns eine goldene Krone auf, Dir und mir –

von Herzen *katharina*

Zum Weiterlesen

Jesus spricht von Gott als unserem Vater, der das Verborgene sieht. Nach innen sollen wir gehen, in die eigene Kammer, ins Verborgene. Da innen, im Herzen, sollen wir anfangen. Das ganze Leben, es wird nur von innen heraus gut.

Vom Almosen und vom Fasten (Matthäus 6,1–6.16–18)

Achtet darauf, dass ihr eure Gerechtigkeit nicht vor den Menschen übt, um von ihnen gesehen zu werden; sonst habt ihr keinen Lohn bei eurem Vater, der im Himmel ist.

Wenn du also Almosen gibst, so lass nicht vor dir her trompeten, wie es die Heuchler in den Synagogen und in den Gassen machen, um von den Menschen gelobt zu werden. Amen, ich sage euch: Sie haben ihren Lohn schon erhalten. Du aber, wenn du Almosen gibst, dann soll deine Linke nicht wissen, was deine Rechte tut, damit dein Almosen im Verborgenen bleibt. Dein Vater, der ins Verborgene sieht, wird dir vergelten.

Wenn ihr betet, so seid nicht wie die Heuchler; denn sie beten gern, wenn sie in den Synagogen und an den Straßenecken stehen, um sich vor den Leuten zu zeigen. Amen, ich sage euch: Sie haben ihren Lohn schon erhalten. Du aber, wenn du betest, geh in deine Kammer und schließe deine Tür zu und bete zu deinem Vater, der im Verborgenen ist. Dein Vater, der ins Verborgene sieht, wird dir vergelten. […]

Wenn ihr fastet, so schaut nicht finster drein wie die Heuchler; denn sie verstellen ihr Gesicht, damit die Leute merken, dass sie fasten. Amen, ich sage euch: Sie haben ihren Lohn schon erhalten. Du aber, wenn du fastest, salbe dein Haar und wasche dein Gesicht, damit die Leute nicht merken, dass du fastest, sondern nur dein Vater, der im Verborgenen ist; und dein Vater, der ins Verborgene sieht, wird dir vergelten.

Mit dem Evangelium in den Alltag gehen

Eine aufrechte Haltung einüben

Sie sitzt vor mir, schmächtig und schmal, irgendwie in sich zusammengesackt, vornübergebeugt, als sei die Last auf ihren Schultern viel zu schwer. Ich kenne sie schon eine ganze Weile, weiß, dass sie vor Kurzem die Entscheidung getroffen hat, ihren Mann nach vier Jahrzehnten Ehe zu verlassen. Ist ausgezogen aus dem gemeinsamen Haus, hat sich eine eigene Wohnung gesucht, auch wenn sie rechnen muss und ihr mit der kleinen Stelle nicht viel Geld im Monat zum Lebensunterhalt bleibt.

»Ich komme mit wenig zurecht«, sagt sie, und dass ihr Mann sie gedemütigt und beschämt hätte. Jetzt frei zu sein, wiege alles auf. Ein Neuanfang, den sie sich gewünscht, der sie aber auch sehr viel Kraft gekostet hat. Erschöpft sieht sie aus und gebeugt.

Unweigerlich muss ich an meine Königin und ihre aufrechte Haltung denken. Ich beginne, ihr von dieser Königin zu erzählen, wie sie mir begegnet ist und mir helfen kann, gerade und aufrecht meinen Weg zu gehen. »Eine innere Königin«, sage ich, »die auch in Ihnen lebt.«

Sie schüttelt den Kopf. »Ich und eine Königin!? Undenkbar! Das ist so weit weg, das passt überhaupt nicht.«

Ich widerstehe der Versuchung, sie von etwas zu überzeugen, was sie momentan nicht nachvollziehen kann, und zeige ihr ein Foto von meiner Königin, die so gar nicht den üblichen Queen-Klischees entspricht: »Schauen Sie, die hier ist anders …«

Ich bemerke, wie aufmerksam sie jetzt hinschaut und wie überrascht sie ist.

»Nächstes Mal werde ich sie mitbringen, meine Königin«, verspreche ich.

Es ist die aufrechte Haltung meiner Königin, die auch mir helfen kann, besonders wenn ich erschöpft und niedergeschlagen bin. Dann schaue ich sie an, wie sie dasteht, ganz und gar nicht hochnäsig, aber erhobenen Hauptes.

Auch ich könnte es versuchen, nicht den Kopf einzuziehen, sondern mich aufrecht zu halten. Mit entspannten Schultern Wirbel für Wirbel zu spüren, dass da eine Säule in mir ist, die mich tragen und aufrichten will, mir Halt, Haltung und Würde verleiht.

Wie wäre es, in den nächsten Tagen …

- die Königin in mir zu entdecken?
- wahrzunehmen, was mich mit Würde krönt?
- einmal dem nachzuspüren, was mein Leben wertvoll macht?
- das Wesentliche innen und nicht außen zu suchen?
- den eigenen inneren Reichtum kennenzulernen?

Donnerstag nach Aschermittwoch

Er nimmt Balken vom Fachwerk, jahrhundertealt, das schon viel getragen, ertragen hat. Es strengt ihn an, wenn er dieses Holz bearbeitet, herausmeißelt in groben Zügen, was darinnen verborgen ist. Es sind kleine Königinnen und Könige, ganz einfach, sehr friedlich, oft lächelnd, von einer Schönheit, die nicht von dieser Welt ist.

Manchmal stellt er sich mit so einem König, so einer Königin, dem grob behauenen Klotz, der in seine Hand passt, in eine Fußgängerzone und wartet auf Reaktionen der Vorübergehenden.

Der Künstler ist Theologe und Diakon und sieht seinen Dienst darin, den Ärmsten, den Kleinsten, denen, die vom Leben gebeutelt und benachteiligt sind, erfahrbar zu machen, welch königliche Würde in ihnen wohnt. Eine königliche Würde, die ihnen nichts und niemand nehmen kann.

Stell Dir vor, Du gehst durch die Fußgängerzone Deiner Stadt und da steht ein Mann mittleren Alters, der Dir freundlich eine kleine Königin (oder einen kleinen König) in die Hand drücken will. Was geht Dir durch den Kopf?

Freitag nach Aschermittwoch

Ja ich bin eine Königin
obwohl vieles dagegenspricht
rein äußerlich
meint sie
und denkt an
ebenmäßige Züge
eine formvollendete Figur
aufwendige Kleidung

Die Königin weiß
aus welchem Holz
sie geschnitzt ist
uraltes Holz
mit Rissen und Kanten
das immerhin dazu taugte
ein Haus zu errichten
ein Dach zu tragen
eine Herberge zu sein

Ja ich bin eine Königin
sagt sie
schließt die Augen
und was sie sieht
da drinnen
macht sie wertvoll und schön

Es sind Leiden
die sich verwandelt haben
Wunden die leuchten
aufrecht trägt sie ihre Krone
mit königlicher Würde

Ja ich bin eine Königin
sagt sie und lächelt
mein Reich
ist nicht von dieser Welt

Samstag nach Aschermittwoch

Gebet

An deiner Königswürde dürfen alle teilhaben
die Mutter die um ihr Kind weint
die alte Frau mit den zitternden Händen
die Jugendliche die in der Schule gemobbt wird
der Mann auf der Intensivstation
der Handwerker am Bau mit Schwielen an den Händen
die Flüchtlinge auf den Kanarischen Inseln
alles Königinnen und Könige deines Reiches
das nicht von dieser Welt ist
Auch ich gehöre dazu mit meiner Krone
manchmal ein Kranz aus Gänseblümchen
auf grüner Frühlingswiese
manchmal eine Dornenkrone
unter deinem Kreuz

1. Woche

Mit meiner Königin in der Wüste

1. Sonntag in der Fastenzeit

Liebe Königin,

vielleicht hast Du es auch schon gespürt. Immer mehr wächst in mir eine Sehnsucht und der Eindruck, dass ich in meinem Leben etwas ändern soll. Ich fühle mich allzu oft von außen getrieben, gehe Tätigkeiten nach, die nur scheinbar notwendig sind, tue Dinge, die von mir erwartet werden. Gehetzt bin ich oft vom Alltagsstress. Ständige Erreichbarkeit und eine Terminflut erschöpfen mich. Dazu kommt dieser Überfluss. Dieser Wohlstand, der mich umgibt, von allem viel zu viel.

Meine Lebensfreude schwindet. Ja, das Leben schmeckt mir oft nicht mehr. Auch meine Lieblingsschokolade hilft da nicht weiter. Ich wäre bereit, einiges hinter mir zu lassen. Aber was und wie?

Und plötzlich verstehe ich, weshalb der Wüstentourismus heutzutage boomt. Auch in mir wächst der Wunsch nach der Begegnung mit der echten Wüste. Ein Mythos von Freiheit und Abenteuer. Vor mir sehe ich eine endlose Weite von goldgelbem Sand, Dünen, Trockentälern und Felsen. Die große Wüste mit ihrer Stille, die alles Zuviel in mir entrümpeln könnte und mich befreit mit ihrem Nichts und wieder Nichts.

Was meinst Du, meine Königin? Was wäre so eine Wüstenerfahrung, nach der ich suche?

Ist es eine Reise in die Sahara oder die Negevwüste in Israel?

Ist nicht auch dieses hoffnungslos überfüllte Wohlstands- und Konsumleben unsere Wüste? Etwas, das meine Seele wüst und leer macht?

Und könnte ich nicht diesem Überfluss widerstehen, die Augen schließen wie Du und in der Leere und im Nichts eine neue Weite und Stille erfahren?

Versprich mir eines, liebe Königin, dass Du mich nicht alleine lässt in der Einsamkeit der vielfältigen Wüsten meines Lebens, in den Wüsten meiner Seele. Dass wir dieses Abenteuer gemeinsam durchstehen und vielleicht die Erfahrung von neuem Leben machen.

Dazu lass uns mutig aufbrechen mit einer großen Sehnsucht –

von Herzen *katharina*

Zum Weiterlesen

Zu Beginn seines öffentlichen Wirkens, am Anfang eines neuen Lebensabschnittes, ging Jesus vierzig Tage in die Wüste, um sich und Gott neu zu finden.

Die Versuchung Jesu (Lukas 4,1–13)

Erfüllt vom heiligen Geist kehrte Jesus vom Jordan zurück und wurde vom Geist vierzig Tage lang in der Wüste umhergeführt und vom Teufel versucht. Er aß nichts in dieser Zeit, aber als sie vorüber waren, hatte er Hunger. Da sagte der Teufel zu ihm: Wenn du Gottes Sohn bist, befiehl diesem Stein, zu Brot zu werden. Jesus antwortete ihm: Es steht geschrieben: Nicht vom Brot allein lebt der Mensch.

Dann führte ihn der Teufel hinauf und zeigte ihm in einem Augenblick alle Reiche der Erde, und er sagte zu ihm: Dir will ich alle diese Macht und ihre Herrlichkeit geben; denn mir ist sie verliehen und ich gebe sie, wem ich will. Wenn du mich anbetest, soll sie ganz dein sein. Da entgegnete ihm Jesus: Es steht geschrieben: Du sollst dem Herrn, deinem Gott, huldigen und ihm allein dienen.

Dann führte er ihn nach Jerusalem, stellte ihn auf die Zinne des Tempels und sagte zu ihm: Wenn du Gottes Sohn bist, stürze dich von hier hinunter; denn es steht geschrieben: Seinen Engeln wird er deinetwegen Befehl geben, dich zu behüten, und: Auf den Händen werden sie dich tragen, damit du deinen Fuß nicht an einen Stein stößt. Jesus antwortete ihm: Es heißt: Du sollst den Herrn, deinen Gott, nicht versuchen. Als der Teufel mit aller Versuchung am Ende war, ließ er von ihm eine Zeit lang ab.

Montag, 1. Woche

Mit dem Evangelium in den Alltag gehen

Hoffnungslächeln

Sie steht aufrecht
mitten in der Wüste
meine Königin
hält die Augen geschlossen
und ein feines Lächeln
umspielt ihren Mund

Als wüsste sie nichts
von Trockenheit
und Sandstürmen
von fehlender Nahrung
und großem Durst

Als wüsste sie nichts
von gefährlichen Tieren
Ungeziefer und Viren
die sie überfallen können
wie Heuschreckenschwärme
die alle Hoffnung auf Leben
bis zum Skelett auffressen

Mit meiner Königin in der Wüste

Als wüsste sie nichts
von der Fata Morgana
einer schönen Scheinwelt
digital
versteht sich
und trügerisch
inmitten großer Einsamkeit

Sie steht aufrecht
kann durchhalten
mit einem Lächeln
und uraltem Wissen
aus heiligen Büchern
in denen von Wundern
geschrieben steht
mitten in der Wüste

Von einem König
der Hungernde
in der Wüste
gespeist hat
mit seinem Wort
und seinem Glauben
das Wenige
das noch bleibt
miteinander zu teilen

Wie wäre es, in der kommenden Woche …

- einen fremden Menschen oder ein Kind anzulächeln und »Engel« in meiner Wüste zu entdecken?
- meiner Sehnsucht nach »weniger ist mehr« zu folgen?
- meine ganz eigene Wüste zu suchen?
- in die Stille zu gehen – das Handy auszuschalten?
- ganz bewusst dem eigenen Atem zu lauschen, dem Ein- und dem Ausatmen?

Dienstag 1. Woche

Sag Nein!

Nun bin ich also in der Wüste. Es ist schrecklich eintönig, ich langweile mich und ich fühle mich allein. Wo ist meine Königin?

Die große Hitze erschöpft mich, lähmt mich und ich komme kaum voran. Scheine auf der Stelle zu treten. Hungrig und durstig bin ich. Hier gibt es keinen Supermarkt. Mit meinen Wasservorräten muss ich haushalten, und bis es etwas zu essen gibt, kann es dauern. Ich fühle mich schon ganz schwach und manchmal flimmert es vor meinen Augen. Es könnte eine Fata Morgana sein, dass ich in der Ferne Grün sehe. Palmen? Eine Oase? Ein Brunnen? Das verheißene Land, wo Milch und Honig fließen?

Und gerade jetzt kommen diese Einflüsterungen. Eine innere Stimme, sehr schmeichelhaft, die mich fragt, warum ich mir dies alles antue. Es sei doch so leicht, aus den ganzen Strapazen auszusteigen. Ich hätte doch Möglichkeiten, mir Essen in Hülle und Fülle zu besorgen. Alle Macht der Welt stünde mir zur Verfügung. Ich müsste nur wollen und dieser Spuk hätte schlagartig ein Ende.

»Von wegen Gott anbeten, es gibt nicht nur den Einen«, sagt die Stimme.

Vor allem läge es an mir, nur an mir, und ich bekäme sozusagen göttliche Macht. Alle Reiche der Welt lägen mir zu

Füßen. Ja, ich hätte unendliche eigene Möglichkeiten, die Verhältnisse zu ändern.

Selbst die Engel Gottes würden mir dienen.

Genau in diesem Augenblick meldet sich meine Königin zu Wort und sagt: »Merkst Du was? Merkst Du nicht, wie dieser Wolf im Schafspelz, dieser Feind des Lebens, sich selbst widerspricht, und das im Namen Gottes. Wie eine böse, dunkle Macht Dich nach unten ziehen will, Dir schadet, anstatt zu nutzen, Dein Leben zerstört, anstatt es aufzubauen. Sag Nein! Nein! Nein!«

Widersprechen und Neinsagen lernen

Nein
Ich wollte nicht Ja sagen
mit meinem verströmenden Atem
bei dieser Meditation
in mir war das Bedürfnis
dem vielen in mir
dem zu vielen
ein Nein entgegenzuhalten
Wollte mir vornehmen
ganz entschieden
mein Nein
entgegenzuschleudern
gar hinauszuschreien
unüberhörbar

Nein
gegen das viele Unrecht und Leid
nicht nur irgendwo in der Welt
sondern ganz persönlich
in meiner Umgebung
auch mir gegenüber
mit allem was mir lieb und wert ist

Nein zum Riss in der eigenen Familie
der immer größer wird
durch Unvermögen

mangelndes Verständnis
und fehlendes Mitgefühl
unter den eigenen Geschwistern

Mit dem Finger auf andere zeigen
oft auf die Schwächsten und Ärmsten
einen Sündenbock suchen
den Letzten beißen die Hunde
Nein

Mit Gewalt
Recht behalten wollen
und die Oberhand
um eigene Macht zu sichern
mag kommen was wolle
Nein

Den anderen verurteilen
nicht mehr ertragen wollen
aus den Augen
aus dem Sinn jagen
Nein

Nein will ich sagen
nicht Ja
schon gar nicht vor deinem Angesicht
mein Gott

Ich sage Nein
immer und immer wieder
in der Stille
im Gebet
und bin erstaunt
wie es sich anhört
sehr sanft sogar
und trotzdem entschieden
bei jedem Atemzug
ein deutliches
fast zärtliches Nein
das nach einem Ja klingt
nach Deinem Ja
zu mir und zu uns
mein Gott

Mittwoch, 1. Woche

Wüstenerfahrungen in der Fastenzeit 2020

Es ist eine große Wüste weltweit, die uns momentan umschließt. Schon länger als vierzig Tage, mehr als zwölf Monate sind wir unterwegs. Scheinbar endlos, diese Wüstenwanderung mit Entbehrungen und Leiden.

Freiwillig sind wir da nicht hineingegangen. Der Verzicht auf Konsum, Freizeitvergnügen und Urlaub wurde uns vorgegeben. Karg und öde scheint unsere Umgebung. Vieles ist reduziert auf digital und Homeoffice, ohne Präsenz. Vorherrschend werden Ängste und Sorgen um die eigene Gesundheit.

Gleichzeitig hungern wir an Leib und Seele nach mitmenschlicher Begegnung ohne Masken. Schon Kinder vermissen das Feiern der Feste und die Treffen in der großen Familie. Erst recht den Kindergarten oder das Spiel mit Freundinnen und Freunden. Sogar der Schulunterricht erscheint plötzlich in neuem Licht. Erwachsene wollen einfach wieder einmal unbegrenzt ausgehen in fröhlicher Runde mit Genuss ohne Reue.

Doch wenn wir uns begegnen, schwingt immer noch Unsicherheit mit. Bitte mit Abstand, denken wir unweigerlich, wenn wir nicht gerade zu denen zählen, die quer denken oder Corona leugnen. Und auf Händedruck oder gar Umarmungen ist weiterhin besser zu verzichten. Kein Wunder, dass bei manchen die Nerven blank liegen oder ihre Angst Richtung Panik wächst.

Arme Menschen und Kinder sind die größten Leidtragenden der Pandemie. Viele Menschen machen sich Sorgen um ihren Arbeitsplatz und haben finanzielle Nöte. Familien mit kleinen Wohnungen leiden darunter, dass ihnen Platz zum Arbeiten, Spielen und Leben fehlt. Und es ist verhängnisvoll, wenn wir den Anstieg häuslicher Gewalt und traurige Missbrauchsgeschichten, die Kinderseelen lebenslang zerstören, übersehen.

Psychologen sprechen inzwischen vom *Cave Syndrom*, das durch die Einsamkeit in den eigenen vier Wänden entsteht. Der Alltag gleicht dem Leben in einer Höhle, aus der es kein Entrinnen gibt. Mein Haus wird zu meiner Wüste.

Wie kommen wir da wieder raus? Wie finden wir zurück ins Leben? Es bleibt uns wohl nicht viel mehr, als die eigene Verletzlichkeit und die eigenen Grenzen achtsam wahrzunehmen. Auch der eigenen Kargheit nachzuspüren und den unerfüllten Bedürfnissen. Sie wird so greifbar, unsere große Sehnsucht nach mehr. Es ist eine Sehnsucht, die uns zu Gott führen will.

Wie wäre es, diese vierzig Tage Leben in den Wüstenzeiten von heute nochmals ganz bewusst innerlich wahrzunehmen, den unumgänglichen Verzicht, allen erlittenen Verlust, der Trauer über zutiefst Trauriges, vielleicht sogar über den Tod unserer Lieben.

Wie können wir annehmen, was nicht zu ändern ist?

Wie können wir mit den eigenen Grenzen und unserer Angst umgehen?

Wie finden wir einen Umgang mit der eigenen Zerbrechlichkeit und Sterblichkeit?

Wie bleiben wir menschlich und solidarisch in der großen Weltfamilie?

Wenn wir das Ringen von Gut und Böse, Dunkel und Licht in uns selbst wahrnehmen, können wir vielleicht mit der Zeit unterscheiden, was uns Gott und uns selbst näherbringt und was nicht.

Und plötzlich könnten wir wieder sehen, dass es auch in unserer Wüste Engel gibt mit ihren Botschaften von Gott. Vielleicht manchmal nur versteckt und ganz winzig.

Doch auch wenn alles so wüst und leer scheint, gibt es Beistand und Lebensfreude, die sich mitten in unserer Wüste zeigen. So wie Rudolf Otto Wiemer in seinem Gedicht schreibt: »Es müssen nicht Männer mit Flügeln sein – die Engel.«

Mein Haus ist meine Wüste.
Meine Stadt ist meine Wüste.
Unsere Welt und unsere Kirche sind meine Wüste.
Krisenzeiten sind Wüstenzeiten …
haben ihre Gefahren und Tücken,
haben aber auch ihre Chancen.

Donnerstag, 1. Woche

Mein Nanu-Vormittag

Kam heute Morgen nur schwer aus dem Bett und wusste schon beim Aufstehen: Das ist nicht mein Tag! Dabei sah es in meinem Kalender so gut aus. Keine beruflichen Termine. Eine große Freiheit, mal zu tun und zu lassen, was ich wollte.

Vielleicht endlich wieder schreiben, dachte ich, wo mein Tagebuch schon seit mehr als einem Monat auf einen neuen Eintrag wartet. Oder wie wäre es mit einem kleinen Text, den ich vielleicht auch veröffentlichen könnte?

»Du und veröffentlichen!«, höhnte da eine innere Stimme. »Übernimm Dich mal nicht! Lebenserfahrungen magst Du ja reichlich haben, aber fundiertes Wissen oder eine gebildete Sprache lassen bei Dir wirklich noch zu wünschen übrig! Glaub nur ja nicht, dass alle Welt darauf wartet, dass Du auch noch Deinen Senf dazugibst. Der Markt ist überfüllt! Außerdem haben die Leute keine Zeit mehr zum Lesen. Das weißt Du doch selber. Schau Dich nur um!«

Da war es wieder. Nur allzu bekannt, dieses echt bösartige Etwas in mir, das meine Selbstzweifel schürt, mir allzu oft Steine in den Weg legt und meine Vorhaben schon zu Beginn torpedieren will. Ganz klein werde ich dann und die Folge ist, dass ich meine Möglichkeiten nicht auszuschöpfen wage. Gar nichts bekomme ich dann mehr hin!

So auch an diesem Morgen. Ich lief im Haus hin und her, suchte nach einer Beschäftigung und sah Berge von Arbeit.

Mal wieder richtig Ordnung schaffen, vielleicht im Keller oder das Bad putzen oder meine Schränke aufräumen – das wär's vielleicht!? – Aber es war mir alles zu viel. Ich setzte mich aufs Sofa und hätte wohl lange vor mich hin gedöst, wenn es nicht an der Tür geklingelt hätte.

Nanu, wer kommt denn schon am Vormittag? – Es war meine Tochter mit der kleinen Eliese, gerade zwei Jahre alt. »Oma, Oma«, rief sie fröhlich, spazierte schnurstracks ins Wohnzimmer und setzte sich dort an den Kindertisch mit den Farben.

»Oma malen! Mond rund!«, gab Eliese ihre Anweisung. Widerspruch sinnlos! Bereitwillig und nur zu gerne setzte ich mich auf den Kinderstuhl gegenüber von Eliese und nahm den Buntstift, den mir ihre kleine Hand entgegenstreckte.

Es war Rot, und ich begann zu malen: »Der Mond ist rund, der Mond ist rund, er hat zwei Augen, Nas' und Mund!«

Eliese lachte über das ganze Gesicht und hatte noch lange nicht genug. Es kam noch die gelbe Farbe, dann die blaue, die grüne und die orange: »Oma malen! Mond rund!«

Und die Oma malte und malte den runden Mond mit einem lachenden Mund, sah in das lachende Kindergesicht ihres kleinen Engels und lachte selber.

Sollte bloß keiner mehr wagen zu behaupten, auch nicht in meinem innersten dunklen Eck, dass dieser Tag und das Leben öde und leer seien!

Freitag, 1. Woche

In diese Wüstenwoche gehört für mich noch eine Frauengestalt aus dem Alten Testament: Mirjam, Prophetin der Wüste, die damals ihr Volk Israel aus der Sklaverei Ägyptens geführt hat. Leider wird sie neben ihren Brüdern Mose und Aaron oft übersehen.

Wie notwendig diese Frau für ihr Volk und seinen Weg mit Gott war, wird uns beim Tod der Prophetin deutlich. In die Totenklage für Mirjam mischt sich schon bald weiteres Klagegeschrei. Denn in unmittelbarer Folge wird im Buch Numeri (Num 20,1–12) davon erzählt, dass dem Volk in der Wüste das Trinkwasser ausgeht und dass das Überleben von Mensch und Tier bedroht ist. Es ist das, was ich die Krise in der Beziehung des Volkes zu seinem Gott nennen möchte.

Unmittelbar nach dem Tod der Prophetin erstirbt das Lied der Befreiung und Zweifel und Unglaube kommen auf, sogar bei Mose und Aaron. Die große Befreiungstat Gottes, das Geschenk des neuen Lebens, ist in weite Ferne gerückt, ja, so gut wie vergessen. Und gleichzeitig wird die Sehnsucht nach den Fleischtöpfen Ägyptens wieder groß.

Darin könnten wir uns auch heute noch wiederfinden. Wir gehören zum Volk Gottes in einem wohlhabenden Land, einer wohlhabenden Kirche. Die Verführungskünste des materiellen Konsums sind nicht zu unterschätzen. Das Verlangen, die Gier, immer mehr zu haben, zu kaufen, zu besitzen. Und wie sie uns immer wieder zurückwerfen, zweifeln lassen und gefangen halten an ihren Fleischtöpfen.

Geld ist Macht. Es gibt diese Machthaber in Welt und Kirche, auch in mir selber. Und häufig erzeugt diese Macht Unrechtsstrukturen und Abhängigkeiten.

Auch wir in einem freien Land haben unsere Fleischtöpfe. Und die Kreatur, die Schöpfung, der Mensch mittendrin, wir alle leiden unaufhaltsam und können daran gar zugrunde gehen.

Wir können diese Gotteskrise des Gottesvolkes in Verbindung mit dem Tod von Mirjam sehen. Das Volk Gottes braucht die Prophetin, die Gotteskünderin.

Daraus könnte auch unsere Kirche heute lernen, um weiterzuleben mit lebendigem Wasser, mit Herzen aus Fleisch, nicht aus Stein, mit einem jubelnden Danklied für Gott auf den Lippen. Wir brauchen Frauen, die vorne stehen dürfen, die vorangehen und prophetisch von Gott künden im Wort, im Lied, im Tanz, in purer Freude.

Samstag, 1. Woche

Nach den schweren, fast bedrohlichen Tagen dieser Woche, im Dunkel meines Zimmers, gegen Mitternacht beim Schein einer Kerze, steht sie da, immer noch aufrecht, und strahlt Stille aus, Ruhe und Frieden, meine Königin der Wüste.

Gebet

Schön war's mit dir
heute Abend
mon Dieu
irgendwie anders als sonst

Kein Holzschemel
auf dem ich knie
sondern ganz entspannt
auf meinem Sofa
im Sitzen
angelehnt
an deine Gegenwart

1. Woche

Irgendwann war mir klar
dass du da bist
nah bei mir
im Raum
ohne dass ich viel getan hätte
schon gar nichts Besonderes

Ein wenig gelesen
ein wenig geschrieben
die kleinen Dinge angeschaut
in meinem Zimmer
auf mich wirken lassen
innegehalten

Ja dieses Innehalten war es
der Augenblick
in dem ich gar nichts tat
außer da sein
und sein lassen

Dieser Nichts-tun-Moment
war der dichteste
untrüglichste
heiligste
ganz gefüllt mit dir
bei mir

2. Woche

Mit meiner Königin im Licht

2. Fastensonntag

Liebe Königin,

es tut so gut, wenn die Tage wieder heller werden und die Sonne sich öfter blicken lässt.

Oft sind es Menschen, die unser Leben hell machen, so wie Du auf dieser Wüstenetappe, wenn Du mich zu den Brunnen und Oasen geführt hast. Das war dann immer ein Fest und Gott war ganz nah.

Manchmal sind es aber auch Felsen und Berge, auf denen uns Gott begegnen will. Es gibt Gipfelbesteigungen und Momente, in denen wir eine so weite, schöne Aussicht bekommen, dass sich alles verwandelt und alle Dinge, ja selbst ein Menschengesicht, zu strahlen und zu leuchten beginnen. Du kennst das, meine Königin, und Du weißt ebenso, wie schwer es zu beschreiben und in Worte zu fassen ist.

Schon seit Tausenden von Jahren gelten Berge und Felsen als heilige Orte. Auch die Bibel erzählt von Gottesbegegnungen auf Bergen und Gipfeln. Warum sollte es solche Gipfelwunder heute nicht mehr geben? Warum sollten wir in dieser Zeit, wenn wir offen und achtsam sind, die Wunder Gottes nicht mehr schauen können?

Du konntest miterleben, meine Königin, dass es bei mir und in meinem Leben auch Berge waren, oder eher Hügel, auf denen ich diese Erfahrung von Gottes Gegenwart machen durfte. Ich denke an den Hügel von Taizé in Burgund, die

Communauté, die ich mit 18 Jahren bei einem »Konzil der Jugend« zum ersten Mal kennengelernt habe. Eine so weite, internationale und ökumenische Gemeinschaft, die für mich eine Kirche der Zukunft ist. Oder das Haus Gries der Jesuiten auf einer Anhöhe im Frankenwald. Immer wieder zieht es mich in diese Hausgemeinschaft zu den Kontemplationskursen mit dem 10-tägigen Schweigen.

Du weißt, an diesen Orten gibt es für mich ebenfalls Trockentäler und das Tal der Tränen. Es ist auch nicht unbedingt gleich am ersten Tag so, dass mich dieses strahlende Leuchten umgibt. Aber im Lauf von sieben oder zehn Tagen in der Stille und im Gebet habe ich noch immer eine Verwandlung gespürt.

Uralte Menschheits- und Gotteserfahrungen sind es, wie in diesem Psalm: »Die mit Tränen säen, werden mit Jubel ernten!«

Du verstehst das, meine Königin, denn sie sind Dir vertraut, die alltäglichen Wunder, die uns mit Jubel, Freude und Licht krönen –

von Herzen *katharina*

Zum Weiterlesen

Die Verklärung Jesu (Lukas 9,28–36)

Etwa acht Tage nach diesen Worten nahm er Petrus, Jakobus und Johannes mit sich und stieg auf den Berg, um zu beten. Und während er betete, veränderte sich das Aussehen seines Angesichts und sein Gewand wurde strahlend weiß. Da redeten zwei Männer mit ihm – es waren Mose und Elija –, sie erschienen im Lichtglanz und sprachen von seinem Ende, das sich in Jerusalem erfüllen sollte.

Petrus aber und seine Gefährten waren vom Schlaf überwältigt. Als sie erwachten, sahen sie seinen Lichtglanz und die zwei Männer, die bei ihm standen. Als sie von ihm scheiden wollten, sagte Petrus zu Jesus: Meister, es ist gut, dass wir hier sind. Wir wollen drei Hütten bauen, dir eine, Mose eine und Elija eine. Er wusste aber nicht, was er sagte. Während er noch redete, kam eine Wolke und überschattete sie. Als sie in die Wolke hineinkamen, fürchteten sie sich. Da erscholl eine Stimme aus der Wolke: *Dies ist mein auserwählter Sohn, auf ihn sollt ihr hören!*

Als die Stimme erscholl, war Jesus wieder allein. Sie schwiegen und teilten in jenen Tagen niemandem etwas von dem mit, was sie gesehen hatten.

Montag, 2. Woche

Mit dem Evangelium in den Alltag gehen

Mich der Sonne zuwenden

In meinem Terminkalender stand eine berufliche Fortbildung auf dem Feldberg im Schwarzwald. Das passte mir gar nicht. In meiner Familie herrschte »Land unter«. Die Situation war eskaliert. Unverständnis und Verbitterung auf beiden Seiten. Jedes weitere Wort wurde missverstanden und der Graben immer tiefer. Ich fühlte mich ausgeliefert, ohnmächtig und verzweifelt. Es kostete eine riesige Überwindung, mich gerade jetzt loszueisen und aufzubrechen.

Da saß ich also mit meinen Kolleginnen und Kollegen im Haus Falkau auf dem Feldberg. In ihrer gekonnten, unterhaltsamen und humorvollen Art gab uns die Psychologin Dr. Maja Storch eine Einführung zu ihrem Zürcher Ressourcenmodell. Auf dem Boden in unserem Stuhlkreis lagen fünfzig farbenfrohe Fotos im DIN-A4-Format. Schöne Motive aus der Natur oder unserer Tier- und Menschenwelt. In einem ersten Schritt sollten wir das Bild aussuchen, das uns intuitiv ansprach.

Natürlich griff ich nach der Bärenmutter, deren Kraft und Ausruhen auf einem großen Baumstamm mir zusagte. Vor allem ihr Pelz gefiel mir. So ein dickes Fell könnte ich momentan gut gebrauchen. Doch je länger ich diese Bärin anschaute, umso trauriger fand ich ihren Blick. Bestimmt schaut sie auf ihr Junges, das sie beschützen will, dachte ich, und wurde selbst ganz melancholisch. »Das geht gar nicht!«, sagte Maja resolut zu mir, als ich von meinen Gedanken zum Bild erzählte. »Dein Bild darf keinerlei negative Assoziationen in Dir wecken. Du musst Dir ein neues suchen.«

Und so kam ich zu meiner Sonnenblume. Strahlend und aufrecht in voller Blüte stand sie in einem riesigen Sonnenblumenfeld, das Gesicht der Sonne und mir zugewandt. Keine einzige negative Spur löste dieses Bild in mir aus. Ich notierte eifrig Stichworte, die mir dazu einfielen, und liebe Kolleginnen und Kollegen fügten ihre Ideen hinzu.

In der anschließenden Mittagspause fiel mir mühelos mein passendes Zielmotto dazu ein. Es war sehr einprägsam und reimte sich sogar: »Ich bin ein Solitär – im Sonnenblumenmeer!« – Klingt großspurig, ich weiß, aber das haben Visionen wohl so an sich.

Seit mir dies auf den Schwarzwaldhöhen des Feldbergs eingeleuchtet hat, nehme ich Sonnenblumen noch bewusster wahr. Wenn sie blühen, hole ich mir immer wieder eine ins Haus. Auch die Farbe Gelb hat für mich an Bedeutung gewonnen und ich sorge dafür, dass sie hier und da in meiner Umgebung auftaucht. Und sooft es geht, wende ich für einen Augenblick mit geschlossenen Augen mein Gesicht bewusst der Sonne zu.

Der Frühling baut
eine Brücke aus Gelb
vor meinen Augen
und verbindet
die Verzweiflung von gestern
mit der Zuversicht von heute

Der Forsythienstrauch
nah meinem Fenster
die Vase mit den Tulpen
der neue gelbe Stuhl
der mir den Platz freihält
bei der Treppe nach oben

Noch sind sie da
und die Sonne erzählt
ihre Morgengeschichte
von Geborgenheit und Liebe und Glück
nach der großen Sturmflut böser Worte
dieses sanfte verschwebende Flüstern
von dir
so zärtlich

Wie wäre es, in der kommenden Woche …

- Sonnenstrahlen im Gesicht zu spüren?
- auf eine Anhöhe, einen Hügel, einen kleinen Berg zu steigen?
- achtsam zu sein auf Momente, in denen ich eine neue Sicht gewinne?
- eine Gemeinschaft im Gebet zu suchen?
- wahrzunehmen, wie sich etwas oder jemand verwandelt und zu strahlen, zu leuchten beginnt?

Dienstag, 2. Woche

Ausrufezeichen aus Licht

Erschöpft war ich angekommen. Es war nicht das erste Mal, dass ich in der Hausgemeinschaft von Gries, in der Einsamkeit des Frankenwaldes, während der kommenden zehn Tage Schweigezeit wieder mehr zu mir und zu Gott finden wollte.

Mehr Fragezeichen als sonst was hatte ich im Gepäck. Und so müde war ich, dass ich der Anleitung unserer Begleiterin auf dem geistlichen Weg nicht gleich folgen konnte: ein Gang in die Natur, alle fünf Sinne offen und bereit, etwas von Gott zu entdecken, zu bestaunen in seiner Schöpfung.

Ich beschloss, zunächst die Augen zu schließen und eine Stunde auszuschlafen, um dann mehr zu sehen. Sogar den Wecker stellte ich mir. Aber kurz bevor er klingelte, wurde ich geweckt.

Ein helles Licht schien plötzlich direkt in mein Zimmer, wo vorher der Himmel doch so grau war. Überrascht öffnete ich die Augen und sah an der weißen Wand ein seltenes Licht- und Schattenspiel: Durch die gerafften Vorhänge malte sich deutlich sichtbar ein großes Ausrufezeichen aus Licht an meine Zimmerwand. Schlagartig war ich hellwach und schaute eine lange Weile auf dieses Zeichen, das kam und ging, je nach Sonneneinfall. Es faszinierte mich und ich hörte eine innere Stimme sagen: »Wenn Du nicht zu mir hinauskommst, dann komme ich eben zu Dir hinein.«

Ohne zu zögern, stand ich auf und beschloss, ab jetzt dem Weg ins Licht zu folgen.

Mittwoch, 2. Woche

Ecken und Kanten

Sie gefällt mir nicht immer, meine Königin mit ihren Ecken und Kanten. Das liegt nicht am Künstler, der sie schuf, sondern einzig und allein an meinem Blick und mir.

Manchmal scheint mir ihr Gesicht zu dunkel, herb und streng mit ernstem Mund, richtig alt eben.

Es gibt lieblichere Königinnen, jüngere mit hellem Gesicht und runden Wangen, die eindeutiger lächeln.

Anfreunden muss ich mich immer neu mit ihr wie mit meinem Spiegelbild, zu dem ich Ja sagen will, was nicht immer einfach ist.

So ist sie eben, meine Königin. Sie lebt in ihren Zweifeln, aber doch auch immer wieder vom Lichteinfall, dem unverhofften. Sie möchte angestrahlt werden. Denn wenn sie beschienen wird von der Sonne draußen und drinnen, dann ist sie immer wunderschön, meine Königin des Lichtes.

Donnerstag, 2. Woche

In dieser Schweigezeit habe ich es mir angewöhnt, jeden Morgen schon in der Dämmerung die kleine Anhöhe hinaufzusteigen und dort oben – mit Blick auf eine große Wiese und die Tannen am Horizont – einfach nur zu warten. Solange zu warten, bis es hinter den Baumwipfeln zu glimmen beginnt. Ein schmaler Leuchtstreifen blitzt irgendwann hervor, der ohne Zögern, langsam, aber beständig immer intensiver wird, anwächst und immer höher steigt, bis zum leuchtenden Rund der aufgehenden Sonne. Jedes Mal atemberaubend. Tag für Tag, manchmal in blendender Helle am klaren Himmel, manchmal verschwommen und, hinter Wolken versteckt, nur zu erahnen. Immer wieder neu erlebe ich dieses tägliche Wunder eines Sonnenaufgangs und staune wie ein Kind.

Schlupf rein, sage ich zur Sonne
und öffne meine gefalteten Hände nur einen Spalt weit,
als könnte mein winziges Nest zwischen beiden Handherzen
dieses große überbordende Leuchten
mit all seiner Wärme und Glut
für einen Winter bergen.

Freitag, 2. Woche

Unvergleichlich schön
dieser Sonnenaufgang
über einer Skyline
aus dunklen Tannen
am Horizont

Alles in Licht getaucht
draußen Wiesen und Bäume
mit goldenem Laub
glitzernde Tautropfen im Gras
Wege aus Licht

Licht, das auch nach innen geht
durchs Fenster fällt
auf die Gesichter der Schweigenden
Lichtkleckse auf weißen Tischlaken
zum Frühstück

Licht
auf meinem gelben Sonntagskleid
und dem goldenen Rebenblatt
in der Mitte des Tisches
bei der Blume

Lichtgelb der Kräutertee
durchscheinend in den Gläsern
wie der goldene Honig
und goldgelbe Äpfel

Das große Bild an der Wand
mir gegenüber
aus purer Sonne
vom Himmel
auf die Erde gekommen

Wir sind sonnenbeschienene
ich sehe es deutlich
und eine Liebesgeschichte
nach der anderen
fällt mir ein
und alle haben mit Dir zu tun
und hören niemals auf

Samstag, 2. Woche

Gebet

Da ist das tiefe Schweigen
im Gebet
und du weißt
du bist nicht allein
auch wenn du
nur die Stille hörst

Und irgendwann
wird sich eine gute Hand
auf deinen Rücken legen
wie eine warme Decke
zum Schutz
zur Stärke
zum Heil

Und wenn du die Augen
wieder öffnest
siehst du nichts anderes
als Licht

Ein Leuchten in allen Schattierungen
das über die Betondecke läuft
das durch die Seitenfenster quillt
aus buntem Glas

das sich in den Sonnensegeln
des Kirchenraumes verfängt
und den dunklen Fußboden
mit Freudentupfern besprenkelt

Deine Gegenwart
ist nichts anderes als Licht
Ein verborgener Glanz
der sich über die Dinge legt
über alles
sei es Freude
sei es Schmerz

3. Woche

Mit meiner Königin im Garten

3. Fastensonntag

Liebe Königin,

wenn ich Dich so aufrecht vor mir sehe, ahne ich, aus welchem Holz Du geschnitzt bist, und mein Vertrauen zu Dir könnte nicht größer sein. Du gibst mir Halt und stützt mich wie ein großer Baum, den ich umarme.

Eine Frau wie ein Baum, eine starke, weise Frau bist Du, meine Königin! Eine zum Anlehnen, Vorbild für viele.

Gute Früchte bringst Du hervor. Damit meine ich nicht nur süße Kirschen oder leckere Äpfel. In der Bibel werden diese Früchte die »Früchte des Geistes« genannt. Dazu zählen Liebe, Freude, Friede, Geduld, Freundlichkeit und Güte. (Galaterbrief 5,22) Wie wichtig doch die Frauen sind und ihre Früchte, die sie bringen!

Wenn eine Frau das Wunder erleben darf, schwanger zu werden, hieß es früher, »sie sei guter Hoffnung«, und das Kind war die »Frucht ihres Leibes«. Diese wunderbare, besondere Frucht im Garten unserer Welt austragen zu dürfen, ist ein ganz besonderes Geschenk.

Auch andere Früchte unseres Lebens sind entscheidend für den Fortbestand der Schöpfung. Alle Menschen können irgendeine kleine Gabe oder Möglichkeit einbringen und sich für Frieden, Gerechtigkeit und die Bewahrung der Schöpfung in ihrer Umgebung einsetzen. Sogar unser Schweigen in Meditation und Gebet wird gute Früchte bringen.

Es ist deshalb sehr ernst zu nehmen, wenn es im Evangelium heißt: »Hau ihn um!«, dieser Baum bringt keine Frucht. In meinen Ohren klingt es so hart wie ein endgültiges Urteil. In etwa wie: Dieser Mensch taugt zu nichts mehr, ist wie abgestorben!

Oft sind es dann Frauen, die mit aller Liebesmüh, Treue und Geduld um einen Aufschub bitten: »Gib uns noch ein Jahr. Ich will den Boden auflockern und düngen, will diesen dürren Baum umarmen und mit ihm sprechen, vielleicht …«

Und dennoch erkennen und wissen wir immer deutlicher: Wir haben nicht unbegrenzt Zeit. Unsere Zeit ist gestundet. Das gilt nicht nur für uns und unser Leben, es gilt auch für unsere Mutter Erde.

Unsere Achtsamkeit und Wertschätzung muss wachsen, damit es weiterhin Früchte und Leben auf unserem wunderschönen Planeten gibt. Wie lange noch? Vielleicht nur begrenzte Jahre?

Du hast bestimmt einen grünen Daumen, liebe Königin. Zeig uns, wie wir in verbleibender Zeit mit unserer Natur achtsam und schonend umgehen können, dass sie auch weiterhin gute Früchte bringt.

Lass uns immer deutlicher erkennen, dass wir selbst ein Teil dieser Schöpfung sind, damit auch wir Frucht bringen –

von Herzen *katharina*

Zum Weiterlesen

Das Gleichnis vom unfruchtbaren Feigenbaum (Lukas 13,6–9)

Und er erzählte dieses Gleichnis:

Jemand hatte einen Feigenbaum in seinen Weinberg gepflanzt. Er kam und suchte Frucht an ihm und fand keine.

Da sagte er zu dem Weingärtner: Schon drei Jahre komme ich und suche Frucht an diesem Feigenbaum und finde keine.

Hau ihn um! Wozu saugt er noch den Boden aus?

Doch der antwortete ihm: Herr, lass ihn noch dieses Jahr, bis ich um ihn herum aufgegraben und Dung gestreut habe.

Vielleicht wird er in Zukunft Frucht bringen; wenn aber nicht, dann magst du ihn umhauen.

Montag, 3. Woche

Mit dem Evangelium in den Alltag gehen

Einen Baum umarmen

Irgendwann in meiner Lebensmitte habe ich damit begonnen, Bäume zu umarmen, meistens, ich gestehe, wenn es mir schlecht ging und ich neue Kraft und Stärke suchte.

Umso mehr trifft mich in den letzten Jahren das Leiden der Bäume, ihr Sterben, dürre Äste und Baumstämme, die ein Sturm fällen kann. Sie haben keine starken Wurzeln mehr, sind nicht mehr tief genug verwurzelt. Sie scheinen mir oft ein Abbild unserer kranken Seelen zu sein, diese Waldfriedhöfe. Kahle Lichtungen mit Baumstummeln erzählen von traurigen Lebensgeschichten, die zu Ende gingen, verendet sind, wegen Trockenheit und Missachtung unserer Natur. Ich schaue auf die mächtigen Baumriesen und weiß, unsere Seelen dürsten.

Im Wald der weinenden Bäume

Immer wieder gehe ich
um mich zu finden
zum Wald der weinenden Bäume
die den Himmel tragen

Die hohen Tannen
in ihrer Größe
sind ein deutlicher Fingerzeig
weit hinaus über sich selbst

Stolz und gerade
stehen sie da
und dienen dennoch
als Baldachin
der mir Schutz gibt
mich bergen kann
ganz unten

Sie wurzeln im weichen Moos
immergrüne Riesen
mit zunehmend dürren Zweigen
die sie lassen mussten
durch Wind und Wetter
im Lauf der Jahre

3. Woche

Es knackst unter meinen Füßen
stimmt mich traurig und zärtlich
dieser vergehende Wald der Tannen

Die meisten von ihnen weinen
und tragen Wunden
Verletzungen
aus denen Harz fließt
ihr Herzblut
zu weißen Tränen geronnen

Ich streichle ihre raue Rinde
stütze mich auf sie
lehne mich an
umarme
und schaue nach oben

Noch lange
nachdem ich gegangen bin
trage ich den Duft
der weinenden Tannen
in meinen Händen
und erinnere mich
an ihren Fingerzeig
himmelwärts

Wie wäre es, in der kommenden Woche ...

- junges Grün und erste Frühlingsblüten zu bestaunen?
- meine Hände wahrzunehmen, leicht übereinanderzulegen, in den Hohlraum zwischen die Handherzen hinein zu atmen und das Kraftfeld der Handflächen zu spüren?
- einen Baum zu umarmen?
- mich der Gartenarbeit oder einer Handarbeit zu widmen: zu restaurieren, zu flicken, zu kochen, zu malen?
- Fahrrad zu fahren, anstatt das Auto zu nehmen?

Dienstag, 3. Woche

Im Anfang war ein Garten mit einer Fülle von Bäumen, Blüten und Früchten. Ein Garten wie eine Augenweide, zur reinen Freude, zum Lustwandeln, den Menschen geschenkt. Und mittendrin stand der Baum des Lebens mit seinen Früchten.

Inmitten eines Gartens sind wir auch bei diesem Gottesdienst im Grünen am Sonntag, Frühlingsblumen und junges Grün in Fülle in der alten Zisterzienserabtei von Eberbach im Neckartal. Die Pfarrerin predigt und schöne, junge Menschen mit wunderbaren Stimmen singen wie Engel im Paradies.

Geh aus, mein Herz, und suche Freud …

Und immer wieder will mein Herz ausgehen über Waldwege und schmale Pfade, zwischen grünen Wiesen mit einem kleinen Bach, ersten Schlüsselblumen und Bärlauch. Unter großen Bäumen bleibe ich stehen, schaue hinauf zum blauen Frühlingshimmel, lausche dem Vogelgezwitscher, summe alte und neue Lieder vor mich hin.

Am Ende wird es auch ein Garten sein, den Gott für uns offen hält, ein Paradiesgarten. Vielleicht ist dann die Erde wieder wüst und leer, auch wegen mangelnder Achtsamkeit der Menschen, die ihrer Verantwortung nicht nachkamen und gierig den Reichtum und die Schönheit der Erde ausgebeutet und missachtet haben.

Noch haben wir Zeit! Wir können immer wieder einmal innehalten und Dankbarkeit empfinden für alles, was uns geschenkt wurde in diesem wundervollen, großen Garten Welt mit seiner Überfülle an Leben.

Mittwoch, 3. Woche

Vanuatu – das verlorene Paradies

Gut vorstellbar
dass Frauen
in einem Inselstaat
am anderen Ende der Welt
mit weißen Stränden
glasklarem Wasser
und üppigem Grün
jahrelang weltweit
an erster Stelle
im Glücksindex stehen

Schwer vorstellbar
dass gleichzeitig
ihr Südseeparadies
im Weltrisikobericht
Platz eins einnimmt
das gefährdetste
durch Naturgewalten
regelmäßige Erdbeben
zerstörte Hütten
dem Erdboden gleich

Hütten in denen zudem
Gewalt gegen Frauen
in Beziehungen
an der Tagesordnung ist

Kaum vorstellbar
in ihrer wundervollen Inselwelt
dass Folgen des Klimawandels
wie verheerende Wirbelstürme
und Überschwemmungen
erhöhte Temperaturen
steigende Meeresspiegel
immer deutlicher
Korallenriffe Fische Menschen
in Gefahr bringen

Unvorstellbar
dass die Glücklichsten
auch die Gefährdetsten sind
die Einfachsten
und ihr bescheidenes Leben
im Einklang mit der Natur
die unheilvollen Folgen
des Überflusses anderswo
verbunden mit Ausbeutung
und Missachtung
am heftigsten erleiden

Unglaublich
dass wir hier
eilig und sorgenvoll beschäftigt sind
Hamsterkäufe zu tätigen
Ackerland zuzubauen
Impfstoffe anzuhäufen
Kreuzfahrten zu planen
und ein Paradies in der Ferne
untergehen lassen
wohingegen die Frauen
von Vanuatu
mit Stolz und einem Lächeln
ihre Landesfahne hissen
auf der geschrieben steht
In God we stand!

Donnerstag, 3. Woche

Bäume im Kirchengarten

Es gibt mächtige Bäume in unserem Kirchengarten. Sie sind tief verwurzelt und werfen große Schatten. Als Kirchenfrau bin ich eher ein schmächtiges Gewächs. Allzu viel Platz hat man mir nicht eingeräumt, auch keinen Platz an der Sonne, um mich zu entfalten und Frucht zu bringen. Nach Jahrzehnten im Dienst meiner Mutter Kirche frage ich mich, wofür ich hier stand, und sehe an meinen Zweigen noch nicht die erwarteten Früchte.

Eingepflanzt wurde ich bei meiner Beauftragung im Februar 1982 in der Krypta eines hohen Domes. Meine Studienkollegen erhielten damals die Priesterweihe. Mir blieb der Weg als Laientheologin. Vier Frauen waren wir und drei Männer.

In unseren Exerzitien, der letzten Einkehrzeit vor unserer Aussendung, ging es um eine Bibelstelle im Johannesevangelium, um das »Fruchtbringen« (Joh 15,15–17). Die anderen fragten mich, ob ich nicht zur Beauftragungsfeier das Deckblatt mit Bild und Text gestalten könnte. Das tat ich gern. Und so zeichnete ich ein Gesicht, das weder typisch männlich noch weiblich war, und erhobene Hände wie ein Sprachrohr, die sich um den Mund gelegt hatten. Es ähnelte einem geöffneten Mund, hätte aber auch eine runde Frucht oder eine große Hostie sein können, die dieser Mensch in Händen hielt. Ich ließ es bewusst im Ungefähren. Dazu schrieb ich Worte, die ich als Gottes Ruf an mich sah und sehe:

Mache dich auf
und nehme
von dem was mein ist
die Frucht
Trage von mir
und bringe
den Leib und das Wort
in Hand und Mund
die Frucht
Vergebe durch mich
und reiche
gleich Sonne und Baum
mit Wurzel und Licht
zum Leben das bleibt
die Frucht

Heute frage ich mich: Was ist aus dieser meiner priesterlichen Berufung, die mit der Weitergabe von Gottes Wort und dem Leib Christi zu tun hat, geworden?

»Sie haben Ihre Nischen gefunden!«, meinte einmal einer meiner Dienstvorgesetzten gönnerhaft. Zwar ist es auch in Nischen und im Schatten männlicher Amtsträger möglich, Frucht zu bringen, so Gott will, sogar recht schmackhafte, aber unter welchen Kämpfen und mit welchem Aufwand an Energie!

Und einiges an Bitterkeit und Schmerz bleibt, dass ich meine Möglichkeiten als Frau im System dieser Kirche nicht meiner Berufung entsprechend entfalten und Frucht bringen durfte.

Freitag, 3. Woche

Mit 28 Jahren hatte ich den Eindruck, dass etwas Neues in mein Leben kommen sollte. Der pastorale Dienst machte mir Freude, aber meine Entfaltungsmöglichkeiten schienen mir ausgeschöpft. Also habe ich geheiratet. Nach weiteren zwei Jahren, der Kündigung des Kirchendienstes und einem Umzug kam unsere älteste Tochter zur Welt.

Ich habe drei Kinder geboren, zwei Töchter und einen Sohn. Ein Kirschenkind, ein Tulpenkind und ein Sonnenblumenkind.

Es sind wohl die wertvollsten Früchte an meinem Lebensbaum, die Gott mir zuwachsen ließ.

Unsere Älteste ist mein Kirschenkind, weil wir nach unserem Umzug im kleinen Garten beim Haus einen alten Kirschbaum vorfanden, der über und über mit Früchten bedeckt war. Hochschwanger hatte ich meine liebe Müh und Not, die dunklen Kirschen zu pflücken und zu verarbeiten. Am Tag der Geburt saß ich mit meiner Schwester den ganzen Vormittag auf der Terrasse und wir entsteinten eine Kirsche nach der anderen. Der süße Saft tropfte, und meine Hände färbten sich blutrot.

Um die Mittagszeit wurde ich unruhig. Der Geburtstermin sollte zwar erst in vier Wochen sein, aber keine drei Stunden später war unsere Kleine auf der Welt.

Da lag ich in der Klinik und schaute noch etwas fassungslos und zu Tränen gerührt auf dieses warme Bündel in meinem

Arm, verpackt in Thermofolie, Blutspuren im noch verknitterten Gesichtchen, gehalten von meinen blutroten Händen. Auch mein Herz blutete, denn mein Baby sollte von mir getrennt werden und die ersten Lebenstage auf dieser Welt in der Kinderklinik nebenan verbringen.

Ab diesem Zeitpunkt hatte ich ein Mama-Herz, das nichts anderes wollte, als für mein Kind da zu sein, es zu umsorgen, zu hegen und zu nähren, zu lieben ganz und gar, für immer und ewig.

Das Erleben von Schwangerschaft, selbst Mutter zu werden, auch die Stillzeiten, weckten in mir ein ganz neues Lebensgefühl, verbunden mit neuen Einsichten. Besser als je zuvor konnte ich nun als Mutter die Wandlungsworte unserer Eucharistiefeier nachempfinden, ja mich selber vorne am Altar sehen und die Worte Jesu sprechen hören: »Das ist mein Leib, der für euch hingegeben wird!«

Seither glaube ich fest, dass alle Frauen, nicht nur Mütter, gute Priesterinnen *in persona Christi* sein können.

Samstag, 3. Woche

Gebet

In deinem großen Garten Welt Gott
auf einem Fleckchen Erde
lass mich wurzeln
nahe der Quelle
und wachsen
unter deiner Sonne
wie ein Mirabellenbaum
mit kleinen süßen Früchten
geliebt von den Kindern
die daran naschen können
mit einem Lachen
In deinem großen Garten Welt Gott
will ich biegsam bleiben
wie eine Birke im Wind
und wenn es nicht anders geht
mich den Ereignissen beugen
hin zur Erde
aus der ich gemacht bin
sie ist meine Mutter
genau wie du
und es kommt der Tag
an dem ich heimkehre
in deinen Schoß

4. Woche

Mit meiner Königin die geliebte Tochter wiederfinden

4. Fastensonntag

Liebe Königin,

manchmal werde ich richtig wütend. Dann bin ich alles andere als ein braves Mädchen oder eine folgsame Tochter. Dann werde ich aufmüpfig, widerspreche und kämpfe, weil mir die Zustände in Kirche und Welt zu ungerecht sind. Von wegen Augenhöhe zwischen Nord und Süd, Reich und Arm, Mächtigen und Niedrigen, Männern und Frauen.

Hast Du auch solche Kämpfe durchzustehen, meine Königin? Schließlich bist Du auch eine Frau!

Manchmal würde ich gerne Jesus fragen, so wie damals die hauptamtlich Frommen, die davon ausgingen, dass Schicksalsschläge, Pandemien oder Krankheiten eine Strafe Gottes sind. Interessant, dass Jesus mit einem Gleichnis zur Schuldfrage antwortet, in dem nur Männer vorkommen. Hat das mit dem Patriarchalismus seiner Zeit zu tun?

Es geht um zwei Söhne und ihren Vater. Der eine fordert recht unverschämt und verfrüht, was ihm angeblich zusteht, und verprasst sein reiches Erbe. Der andere vermag die unmittelbare Nähe Gottes nicht wahrzunehmen und zu schätzen, in der er so selbstverständlich lebt. Wer die größere Schuld hat, sei einmal dahingestellt. Jedenfalls sehe ich noch heute Söhne Gottes, die ähnlich agieren und auf die offenen Arme und die unendliche Barmherzigkeit Gottes angewiesen sind.

Und die Töchter? Ich frage mich: Wo bleiben Gottes Töchter? Es kann doch nicht sein, dass dieser Vater keine Töchter hatte! Ihnen scheint kein Erbe zuzustehen, sie werden übersehen und verschwiegen. Für mich sind es Gottes verlorene Töchter.

Manchmal fühle ich mich auch so, erst recht in meiner Kirche, liebe Königin. Das schmeckt bitter und tut auch immer wieder weh. Gottes Wille kann das doch wohl nicht sein, wo schon Paulus an die Galater schreibt, dass mit dem Anbrechen des Gottesreiches ganz andere Zustände herrschen: »Es gibt nicht mehr Juden und Griechen, nicht mehr Sklaven und Freie, nicht mehr Mann und Frau, denn ihr alle seid ›einer‹ in Christus Jesus.« Gal 3,26–28.

Meinst Du wir schaffen es, liebe Königin, mit vereinter Frauenpower ein wenig Himmel auf Erden zu bringen? –

von Herzen *katharina*

Zum Weiterlesen

Vom barmherzigen Vater (Lukas 15,1–3.11–32)

Ein Mann hatte zwei Söhne. Der jüngere von ihnen sagte zum Vater: Vater, gib mir den Anteil des Vermögens, der mir zukommt. Da teilte er den Besitz unter sie auf.

Wenige Tage darauf packte der jüngere Sohn alles zusammen, zog fort in ein fernes Land und vergeudete dort sein Vermögen durch ein verschwenderisches Leben. Nachdem er alles durchgebracht hatte, kam eine schwere Hungersnot über das Land und er fing an, Mangel zu leiden. Da ging er zu einem Bürger jenes Landes und drängte sich ihm auf; der schickte ihn auf seine Felder zum Schweinehüten. Gerne hätte er sich den Magen mit den Schoten gefüllt, die die Schweine fraßen, aber niemand gab sie ihm. Da ging er in sich und sagte: Wie viele Tagelöhner meines Vaters haben Brot im Überfluss, ich aber komme hier vor Hunger um. Ich will mich aufmachen und zu meinem Vater gehen und zu ihm sagen: Vater, ich habe gesündigt gegen den Himmel und vor dir. Ich bin nicht mehr wert, dein Sohn zu heißen; halte mich wie einen von deinen Tagelöhnern.

Dann machte er sich auf und ging zu seinem Vater. Sein Vater sah ihn schon von Weitem kommen, wurde von Mitleid bewegt, lief herbei, fiel ihm um den Hals und küsste ihn. Da sagte der Sohn zu ihm: Vater, ich habe gegen den Himmel und gegen dich gesündigt; ich bin nicht mehr wert, dein Sohn zu heißen. Der Vater aber sagte zu seinen Knechten: Holt schnell das beste Kleid heraus und zieht es ihm an und gebt ihm einen Ring an die Hand und Schuhe an die Füße! Holt das Mastkalb und schlachtet es! Wir wollen essen und fröhlich sein; denn dieser mein Sohn war tot und lebt wieder; er war verloren und ist wieder gefunden worden. Und sie begannen, ein Freudenfest zu feiern.

Sein älterer Sohn aber war auf dem Feld. Als er kam und sich dem Haus näherte, hörte er Musik und Tanz. Da rief er einen der Knechte herbei und fragte, was das sei. Der aber sagte ihm: Dein Bruder ist gekommen und dein Vater hat das Mastkalb geschlachtet, weil er ihn gesund wieder erhalten hat. Da wurde er zornig und wollte nicht hineingehen. Doch sein Vater kam heraus und redete ihm zu. Er aber gab dem Vater zur Antwort: So viele Jahre diene ich dir und habe nie dein Gebot übertreten; mir aber hast du nie (auch nur) einen Bock gegeben, damit ich mit meinen Freunden feiern konnte. Jetzt aber, als dieser, dein Sohn, gekommen ist, der dein Vermögen mit Dirnen verprasst hat, hast du ihm das Mastkalb geschlachtet. Er aber sagte zu ihm: Sohn, du bist allezeit bei mir und alles, was mein ist, ist dein. Feiern aber und uns freuen müssen wir; denn dein Bruder war tot und lebt wieder, er war verloren und ist wiedergefunden worden.

Montag, 4. Woche

Mit dem Evangelium in den Alltag gehen

Einen Rollentausch vornehmen: »Die barmherzige Tochter«

In meinem Elternhaus gab es lange keinen Fernseher. Meine Eltern bezweifelten, dass eine solche Flimmerkiste dem Wohl ihrer sechs Kinder und dem Familienleben dienlich sei. Als Heranwachsende sah ich das ein wenig anders. Ich empfand es als Glück, dass ich bei der Familie meines Patenonkels in der Nachbarschaft hin und wieder in den Genuss eines Fernsehfilmes kam. Ganz besonders, als der Dreiteiler »Auf dem Immenhof« lief, in der die harmlosen Familiengeschichten auf einem Ponyhof für mich das Spannendste auf der Welt waren.

Zwei bildhübsche Mädels, Teenager wie ich, hatten es mir angetan. Besonders in der dunkelhaarigen Dick mit ihrem ruhigeren Temperament konnte ich mich wiederfinden. Ihre Sympathie zu dem jungen Ralf, die auf Gegenseitigkeit beruhte, schüchterne Blicke, kleine Wortwechsel und Begegnungen der beiden beflügelten meine Fantasie. Wie und ob diese zarte, erste Liebesgeschichte weitergehen würde, sollte die dritte Folge zeigen, die ich auf keinen Fall verpassen wollte.

Nun war leider die Fastenzeit angebrochen und die Übertragung des letzten Teils fiel auf einen Fastensonntag. Meine

Eltern fanden, dass Verzichten angesagt war, und verboten mir, die ersehnte letzte Folge zu schauen.

Da saß ich nun auf der Treppe im Flur meines Elternhauses, während in der Nachbarschaft meine gleichaltrigen Cousinen den mir so wichtigen Film und das vermutete Happy End anschauen konnten. In meinem Inneren herrschte Aufruhr. Am liebsten wäre ich aus der Haut gefahren und weggelaufen. Auf keinen Fall wollte ich mich schweigend und bitter enttäuscht in mein Zimmer zurückziehen. Alle im Haus sollten mitbekommen, wie getroffen und wütend ich war. Ich stimmte ein lautes Weinen und Klagen an. Lange wartete ich auf den Moment, in dem mein Vater oder meine Mutter ein Einsehen hätten, zu mir kämen und sagen würden: »Kind, dann geh doch und schau Dir den Film an!« Ich blieb lange allein auf diesen Treppenstufen sitzen, klagte und weinte, bis ich den Großteil des Filmes sowieso verpasst hatte und total erschöpft hochging in mein Zimmer, wo ich einschlief.

Am Morgen, als ich aufwachte, lag ein kleiner Zettel am Boden. Mein Vater hatte ihn unter dem Türspalt durchgeschoben. Er hatte sich bemüht und in Druckbuchstaben geschrieben, weil ich seine altdeutsche Schrift nicht lesen konnte. Ich weiß bis heute, was dort in wenigen Zeilen zu lesen war: »Meine liebe Katharina, es tut mir leid, dass ich gestern so hart zu Dir war! Du bist ein guter Kerl und ich bleibe immer in Liebe, Dein Vater«

Die Tränen, die mir jetzt über die Wangen liefen, waren Tränen der Rührung. Natürlich war ich kein guter »Kerl«, aber ich kannte meinen Vater und seine schweigsame, in sich gekehrte Art, wusste auch, wie schwer es ihm fiel, Gefühle zu zeigen, und nun diese liebevolle Entschuldigung.

Mir genügten Papas wenige Worte, um ihm auf der Stelle zu verzeihen. Meine Achtung und Liebe zu meinem Vater sind durch diese kleine Geste von ihm nochmals gewachsen. Ich fand es großartig, dass er mir sein Fehlverhalten gestehen konnte und sich dafür bei mir entschuldigt hat.

Das erinnert mich an unsere Kirchenfamilie. Auch hier gibt es Töchter, die weitaus schlimmere, ja traumatische Verletzungen erfahren haben. Und doch sind darunter so viele barmherzige Töchter, die nicht weggelaufen sind, obwohl sie verletzt und missachtet wurden. Sie sind geblieben – auch in ihrer Kirchenfamilie. Welche Größe hätte es, wenn die Patriarchen und die Kirchenväter von heute von ihren starren, verletzenden Regeln und Geboten umkehren würden. Wenn sie sich bei Gottes Töchtern entschuldigen und sie um Verzeihung bitten würden und sie neu in den Blick bekämen. Dann wäre es an der Zeit fürs große Fest!

Wie wäre es, in der kommenden Woche …

- mir bewusst zu werden über mein »Erbe«. Stunden wahrzunehmen, in denen ich mich vom Leben reich beschenkt fühle oder eher vernachlässigt und übersehen?
- wenn ich das »Vater unser im Himmel« bete, mir Gott auch als gute Mutter vorzustellen?
- den Namen Gottes zu meditieren: »Ich bin da, wo Du bist!« (nach einer Übersetzung von Martin Buber)?
- Kontakt zu meinen Geschwistern aufzunehmen, egal auf welche Weise, und mich zu fragen, wer meine Brüder und Schwestern sind?
- meine Sehnsucht nach einem liebevollen Zuhause zu spüren und selbst dafür zu sorgen mit einem kleinen Frühjahrsputz und einem bunten Tulpenstrauß auf dem Esstisch?

Dienstag, 4. Woche

Wo sind die Töchter

Wo sind die Töchter
dieses wunderbaren Vaters
der mit offenen Armen
auf seinen verlorenen Sohn wartet
geduldig – jahrelang

Es kann doch nicht sein
dass er keine einzige Tochter hatte
war sie nicht der Rede wert?

So wie damals
ging es ihr über Jahrtausende
sie wurde nicht erwähnt
in den Büchern der Geschichte
war höchstens eine Randerscheinung
vereinzelt hier und da kurz sichtbar
mit all ihren Möglichkeiten
zum Schweigen verurteilt
eingesperrt
tief verletzt
als Hexe verbrannt

Was hatte sie schon zu sagen?
Vielleicht dieses
Ich bin da
von Anfang an
hab vor Gottes Füßen gespielt
das kleine Mädchen Hoffnung bin ich
damit die Freude nicht stirbt
als Weisheit bin ich da
die alle zum Leben brauchen
als Barmherzigkeit
die jedes Leben austrägt
als schöne Seele
als Schöpferin und Künstlerin
Gärtnerin und Mutter Erde
in unzähligen Frauen
in jeder Frau
mit einer Königin im Herzen
bin ich da

Sprecht wieder öfter von mir
lasst mich ebenbürtig sein
und lasst mich sprechen
die Welt und die Kirche verarmen
haben keine Zukunft
wenn ich in ihrer Geschichte nicht vorkomme
einfach übersehen werde
und zum Schweigen verdammt bin

Mittwoch, 4. Woche

Schon im Kindergartenalter spielten wir in unserer alten Backstube »heilige Messe«. Aus früheren Zeiten, von meinem verstorbenen Onkel Theophil, der wohl schon als Kind Pfarrer werden wollte, gab es die nötigen Utensilien in Kindergröße. Mich faszinierten der kleine goldene Kelch und die Backoblaten, die wir zur Kommunion nahmen. Vor allem das Messgewand in Miniatur, diese Kasel in weinrotem Samt mit goldenen Verzierungen, war ein Prachtstück. Nur wäre ich nie auf den Gedanken gekommen, das Gewand auch nur einmal, vielleicht heimlich, anzuprobieren. Obwohl ich die Älteste war, stand stets mein jüngerer Bruder Johannes als Priester am kleinen Altartisch und unser kleiner Bruder Georg war Ministrant mit dem schönen roten Kragen.

Wir Mädchen, meine Schwester Elisabeth und ich samt den Kusinen, Maria und Theresia, saßen in den Bänken und durften mitsingen und mitbeten.

Doch konnte ich es mit der Zeit nicht lassen. Schon wenn das Glöckchen bimmelte und die Herren einzogen, reizte es mich, meine Brüder durch kleine Aktionen, Sticheleien oder Foppen zur Weißglut zu bringen. Irgendwann war es dann immer so weit: Der Herr Pfarrer fiel aus seiner Rolle, schimpfte los und verließ ärgerlich den Altarraum.

Es war wohl meine Art als Mädchen, mit der ungerechten Behandlung als »Frau in der Kirche« umzugehen, und es hatte seine Wirkung. Obwohl, ich gestehe, ganz glücklich war ich auch nicht, so priesterlos dazustehen. Es war ja niemand in Sicht, der diesen Platz hätte einnehmen können!?

Donnerstag, 4. Woche

Männergalerie

Habe die lange Galerie
bedeutsamer Männer
abgeschritten
so viele Päpste
in roten Samt gehüllt
hermelingesäumt

So viele Fürsten
und Landesherren
alle verewigt auf Leinwand
die zahlreichen Äbte
mit imposantem Kreuz
und goldenem Stab
nicht zu vergessen

Ich schreite sie ab
ihre langen herrschaftlichen Gänge
alte und jüngere Gesichter
schauen mich an
mit strengem
oder etwas wohlwollendem Blick
über schmalen oder vollen Lippen
Mystiker Asketen Lebemänner
immer im Bewusstsein

ihrer Bedeutung und Größe
die gerade
für die Ewigkeit
festgehalten wird

Ich schreite
durch die kunstvoll gefliesten Gänge
schwarz weiß
den schier endlosen Gang
der Kirchengeschichte
jahrtausendealt
die Ahnengalerie mächtiger Männer

Und ich spüre mit der Zeit
dass mich dieses immer gleiche Mannsbild
langweilt
und ich es gar nicht mehr wahrnehme
weil ich mich
nach einem anderen Bild sehne
das mich in den Blick nimmt
in dem ich vorkomme
das Bild der Frau
so vieler Frauen
unzählige Bilder
durch die Jahrhunderte
nicht nur das eine Bild
unserer Lieben Frau
zur Ehre der Altäre
erhoben

Freitag, 4. Woche

Wink vom Himmel

Als ich den Briefkasten öffnete, fiel mir aus dem Bistumsblatt ein Werbeprospekt entgegen. Es trug eine Überschrift, die neugierig machte: »Eingefangen mit dem Lasso der Liebe!«

Nanu, dachte ich, denn auf dem Foto waren keine Cowboys mit wilden Pferden zu sehen, sondern ein Mann um die dreißig, vital und sehr kräftig, mit einem breiten Lächeln, nicht unsympathisch. Im Innenteil des Flyers waren viele Fotos und die Berufungsgeschichte von diesem Erick, so hieß er, zu lesen. Ich erfuhr, dass er ein junger Priester ist, der einen Kugelhagel in seiner Kirche von Nicaragua überlebte.

Auf der Rückseite nahm ein attraktiver Herr Platz, ein Erzbischof mit römischem Kragen, einst ein Schwarzwaldbub, inzwischen ergraut. Dazu sein Zitat: »Gute Priesterausbildung ist das A und O der Zukunft des Glaubens und der Kirche.« Beiliegend ein Zahlschein, der diese Zukunft ermöglichen sollte, an die er glaubt.

Und wie ein Wink vom Himmel war gleichzeitig bei meiner Post des Tages ein neues Buch, das Schwester Philippa Rath herausgegeben hat, mit Taube und Feuerzungen auf dem Cover: »Weil Gott es so will.« Ein geistbewegtes Buch, in dem einhundertfünfzig Frauen von ihrer Berufung zur Diakonin und Priesterin erzählen, darunter Schwester Michaela, Ärztin und Gemeindeleiterin. Sie sagt: »Es gibt sie, die Gebetserhörungen um Priesterberufungen, es sind die Frauen!«

Samstag, 4. Woche

Gebet

Warum bloß zieht es mich nach unten
lässt mich zweifeln
nimmt mir Selbstbewusstsein
und Lebenskraft

Es sollte mich doch erfreuen und beflügeln
hoffen lassen
auch andere aufrichten und befreien

Stattdessen wird es mir untersagt
dein Wort in meinem Mund
zum Versiegen gebracht
dein Auftrag an mich wird storniert
das Feuer meiner Begeisterung ausgelöscht

Doch dein Himmel ist nicht die gläserne Decke
an die ich als Frau in meiner Kirche stoße
lebenslänglich

Dein Wille ist nicht die gekrümmte Frau
die deinem Ruf nicht folgen
nicht deinem Auftrag gemäß leben darf

4. Woche

Mein Gott erwecke deine Kirche
in mir und so vielen Frauen
hellwach und bereit
es hat schon angefangen
dein Reich breitet sich aus
mitten unter uns

5. Woche

Mit meiner Königin befreit zum Leben

5. Fastensonntag

Liebe Königin,

es ist kein leichter Brief, den ich Dir heute schreibe. Aber die aktuellen Ereignisse bringen mich dazu. Es geht um Schuld und Verurteilen. In unserer digitalen Welt, im weltweiten Netz nimmt es überhand. Unerträglich inzwischen eine brutale Sprache mit Hass und Hetze. Auch im Kleinen, in unserer nahen Umgebung, in unseren nächsten Beziehungen und Familien gibt es häufig harte Urteile und Schuldzuweisungen, die uns entzweien. Immer und für alles finden sich Schuldige.

Mir fällt auf, liebe Königin, dass es oft Frauen sind, die beschuldigt werden und als Projektionsfläche dienen. Das begann schon bei »Eva«, der »Mutter aller Lebendigen«, die von Adam als Verführerin hingestellt wurde. Eva sei an allem schuld, sagte Adam. »Mütter sind an allem schuld!«, ein Vorwurf, der auch heute noch immer wieder zu hören ist.

Scheinbar geht es uns Menschen besser, wenn wir eigene Schwächen und Fehler, alle eigene Schuld, anderen in die Schuhe schieben, einen »Sündenbock« finden können.

Von einem Sündenbockritual lesen wir in der hebräischen Bibel im 3. Buch Mose. Das Volk Israel wollte damit sein Verhältnis zu Gott in Ordnung bringen. Erst wenn die eigenen Verfehlungen bekannt und ausgesprochen waren, konnte einem Ziegenbock die Schuld des ganzen Volkes aufgeladen und dieser dann in die Wüste geschickt werden.

Das steht unserem heute gebräuchlichen Sündenbockverständnis entgegen. Rabbinerin Birgit Klein erklärte in einem Radiointerview mit Deutschlandfunk Kultur: »Wir gebrauchen das Wort Sündenbock genau im falschen Sinn, nämlich dass hier die Schuld bei anderen gesucht wird und nicht bei sich selbst und die Verantwortung abgeschoben wird und abgelenkt wird von sich selbst.«

Vielleicht, liebe Königin, können wir hier von unseren jüdischen Geschwistern lernen, die heute noch an Jom Kippur, dem Versöhnungstag, ihre eigenen Verfehlungen vor Gott bekennen.

Ich nenne es nicht Beichte, aber mir persönlich tut es gut, dass ich monatlich in einem Gespräch mit meinem geistlichen Begleiter auf mein Leben mit den Menschen und vor Gott schauen kann. Es macht mich frei von Unsicherheit und eigenem Unvermögen, wenn ich ausspreche, was mich belastet oder in Schieflage geraten ist. Ich bin davon überzeugt, dass es befreit, wenn wir einen bewussten und offenen Umgang mit den eigenen Verfehlungen lernen.

Befreiend kann es auch sein, wenn uns bewusst wird, wo und wie wir selbst zu Opfern wurden und werden. Die Frauen einer MeToo-Bewegung, die das Fremdschämen beiseitelassen wollen, gehören in diesen Zusammenhang. – Ach, meine Königin, mir kommen gerade so viele Gedanken an Frauen und viel zu viele Kinder, die zum Opfer von Missbrauch wurden und deren königliche Würde gar in unserer Kirche gewaltsam missachtet wurde. Das Schuldgeflecht über Generationen hinweg ist gigantisch und kaum zu entwirren. Das Wort »Erbsünde« fällt mir dazu ein.

Schauen wir auf Jesus, »das Lamm Gottes, das hinwegnimmt die Sünde der Welt«! Ich will sein Testament in Ehren halten, meine Königin, in dem er den angeblich frommen Männern eine Lektion erteilt und uns allen sagt: »Auch ich verurteile dich nicht. Geh und sündige von jetzt an nicht mehr!« –

von Herzen *katharina*

Zum Weiterlesen

Die Ehebrecherin auf dem Tempelberg (Johannes 8, 1–11)

Jesus aber ging auf den Ölberg. In der Frühe erschien er wieder im Tempel und alles Volk kam zu ihm. Er setzte sich und lehrte sie. Da brachten die Schriftgelehrten und die Pharisäer eine Frau herbei, die beim Ehebruch ertappt worden war, stellten sie in die Mitte und sagten zu ihm: Meister, diese Frau ist auf frischer Tat beim Ehebruch ertappt worden. Mose hat uns im Gesetz vorgeschrieben, solche Frauen zu steinigen. Was sagst du dazu? Das sagten sie, um ihn auf die Probe zu stellen, damit sie eine Anklage gegen ihn hätten. Jesus aber bückte sich und schrieb mit dem Finger auf die Erde. Als sie jedoch hartnäckig weiterfragten, richtete er sich auf und sagte zu ihnen: Wer von euch ohne Sünde ist, werfe als Erster einen Stein auf sie. Dann bückte er sich wieder und schrieb auf die Erde. Als sie das gehört hatten, gingen sie weg, einer nach dem anderen, von den Ältesten angefangen. Er blieb allein zurück mit der Frau, die in der Mitte stand.

Da richtete sich Jesus auf und sagte zu ihr: Frau, wo sind sie? Hat keiner dich verurteilt? Sie aber antwortete: Keiner, Herr! Da sagte Jesus zu ihr: Auch ich verurteile dich nicht. Geh und sündige von jetzt an nicht mehr!

Montag, 5. Woche

Mit dem Evangelium in den Alltag gehen

Meinen Schatten annehmen

Auch in dieser Taizé-Woche hatte ich zu ringen mit den Fragen, die uns Frère Rob mitgegeben hatte. Ich kämpfte mit dem Riesen Goliath, meinem eigenen Schatten, der sich wieder einmal aufplusterte mit seiner glänzenden Rüstung, die letztlich nur ein kleines, zerbrechliches Schneckenhaus ist. Alte Verletzungen tauchten auf, Krankheit und innere Wunden, die doch noch nicht ganz geheilt waren.

Mich hat beeindruckt, mit welcher Deutlichkeit Frère Rob herausgestellt hatte, dass Gott auch in unseren dunklen, schwachen und begrenzten, ja »bösen« Seiten versteckt ist. Wir können Jesus in der Ahnenreihe der Kindeskinder von König David und Batseba sehen.

»Das Problem liegt oft in uns«, erklärte er. »Wir wollen für unsere guten Seiten geliebt werden. Wir sind darüber geschockt, dass wir auch mit unseren dunklen Seiten geliebt werden. Mit einer Liebe, die wir nicht verdienen.« Wenn Gott uns beschenkt, ist das *gratuit*, umsonst, was auch im Sinne von »vergeblich« übersetzt werden kann. Mit dieser seiner Liebe macht Gott sich verletzbar.

Die Worte von Frère Rob bewegten mein Herz in der Stille.

Alles ereignet sich in meinem Herzen, auch die Versöhnung der Menschheit. In meinem Herzen finde ich die treue Liebe einer Rut, die Konsequenz eines Johannes und die Achtsamkeit einer Maria von Magdala. Mein Herz ist wie ein Schauplatz der Geschichte. Ein Mikrokosmos im Makrokosmos.

Wie wäre es, in den nächsten Tagen ...

- mir bewusst zu werden, welche Lasten ich mit mir durchs Leben schleppe?
- das Gespräch darüber mit einer guten Freundin, einem guten Freund zu suchen?
- beim Spazierengehen Steine zu sammeln, mitzunehmen und in meiner Gebets- oder Meditationsecke, bei einem Kreuz oder einer Christusikone abzulegen?
- mit einem guten Duft zu duschen und mich danach wie neugeboren zu fühlen?

Dienstag, 5. Woche

Jesus und sein Verhalten damals auf dem Tempelberg ist hochaktuell. Fromme Männer haben eine Frau im Schlepptau, die sie als Ehebrecherin beschuldigen und steinigen wollen.

Da ist das persönliche Schicksal einer Frau, die als Ehebrecherin gedemütigt und angeklagt wird. Die Mächtigen haben den Stab über sie gebrochen und das Todesurteil steht sozusagen schon fest.

Zu Recht können wir fragen: Kommt der Mann in der Geschichte ungestraft davon? Und ich möchte auch daran erinnern, dass noch heute in manchen Ländern Frauen der grausame Tod durch Steinigung trifft.

Es hilft, den Blick auf Jesus zu richten, Gottes Sohn und doch ganz Mensch. Das Erbarmen Gottes wird in ihm leibhaftig sichtbar. Ein neues Kapitel, ein neues Testament im Umgang mit Menschen, die sich klein, unterdrückt, vielleicht auch schuldig fühlen, beginnt.

Wie verblüfft und erstaunt müssen die Männer damals gewesen sein, die im Tempelvorhof dabei waren. Dort wurde Recht gesprochen nach dem Gesetz des Mose.

Als Stellvertreter Gottes erweisen sich nicht die Gesetzeslehrer und Pharisäer, die sich aufplustern und aufgeregt für Recht und Moral sorgen wollen.

Nein, es ist derjenige, der ihnen zeigt, welche Kraft im Kleinmachen und Bücken und Schweigen liegen kann. Er wird von der Angeklagten »Herr« genannt.

Das Neue bei Jesus ist, dass er der Einzige ist, der die verzweifelte Frau ansieht und anspricht wie ein Mensch. Wie gut wird es ihr getan haben, dass jemand nach ihr fragt.

Fast spielerisch wie ein Kind bückt sich Jesus und malt in dieser todernsten Lage Buchstaben in den Sand, Worte, die der nächste Windstoß wegtragen kann.

Jesus fügt den Gesetzestafeln des Mose, denen aus Stein, ein neues, lebendiges, geheimnisvolles Gesetz hinzu. Er schreibt es jedem Einzelnen von uns ins Herz, so persönlich, dass nur wir allein es zu entziffern und zu deuten verstehen.

Ein sehr wirkungsvolles neues Gesetz! Es lässt die aufgebrachten Eiferer und Hüter des Rechtes verstummen, weggehen, in sich gehen. Die Ältesten mit der größten Lebenserfahrung zuerst. Gut und Böse sind in jedem Menschen wie Licht und Schatten, das wissen sie.

Sünde bleibt Sünde, aber Jesus spricht das Neue mit einfachen Worten aus: »Auch ich verurteile dich nicht. Geh und sündige nicht mehr!«

In unserer Zeit wird oft von dem Kraftfeld eines Menschen gesprochen oder von seiner positiven Energie.

Bei Jesus ist dies spürbar. Das Neue, der Weg in die Freiheit, in ein neues Leben, den er uns zeigt, heißt: Nicht verurteilt zu werden und nicht zu verurteilen.

Mittwoch, 5. Woche

Liebe statt Last

Deine Art, Liebe zu zeigen, Jesus, ist so selten und beachtlich, dass sie auch nach Jahrtausenden noch bedeutsam ist.

Seit einer Woche lese ich im Evangelium ununterbrochen, wie Du schimpfst, ärgerlich bist über die Funktionäre im Kirchendienst, damals die Pharisäer. Immer wieder wollen sie Dir eine Falle stellen. Du nennst sie bei vielen Namen, wandelnde Gräber und Heuchler, scheinheilig in ihren öffentlichen Gebeten, immer bedacht auf die vordersten Plätze. Für Dich sind es solche, die außen Hände und Geschirr rein halten, aber innerlich voll Bosheit und Machtgier sind.

Auf das Innere kommt es Dir an, Jesus. Auf die Übereinstimmung von innen und außen und dass sich niemand schadlos halten kann mit einer Moral, die nur den anderen schwere Lasten aufbürden will.

Frommsein ist für Dich eine Liebesbeziehung. Eine Liebesbeziehung zwischen Gott und Mensch. Als die Schriftgelehrten Dir eine letzte Fangfrage nach dem wichtigsten Gebot stellen, nimmst Du die Gelegenheit wahr, Jesus. Ein für alle Mal verknüpfst Du, was für Dich unlöslich zusammengehört: die dreifaltige Liebe, eine Verbindung zwischen Gott, dem nächsten Menschen und sich selbst. Ja, auch die Liebe zu sich selbst, die Selbstfürsorge, ist nie zu vergessen.

5. Woche

Mit Psalmworten möchte ich beten:

Ach könnte ich nur den Schlingen der Jäger und ihren Netzen entkommen und davonfliegen so frei wie du!

Donnerstag, 5. Woche

Schleudergang

Ans Wäschewaschen
musste ich denken
heute im Gottesdienst
wie immer an Werktagen
mit spärlich besetzten Bänken
die den Sicherheitsabstand
ums Zigfache übersteigen
und Raum genug geben
heiligen Raum der Stille
der den Gedanken
freien Lauf lässt

Dazu der Gesang der Mönche
und Ikonengold
in der Morgendämmerung
der gewohnte Ablauf
die festen Rituale und Gebete
sitzen stehen und knien im Wechsel
wie geschaffen
für vergangene Eindrücke
die daneben und darüber
durch den Kopf jagen

5. Woche

Ereignisse
Begegnungen die nachwirken
ungelöste Aufgaben
große Sorgen um die Liebsten
ebenso wie Ängste und Verletzungen
die noch heilen müssen
Aber als wäre das nicht genug
vor allem kleine
sogar winzige Dinge
in meinen Kopf
die mich in Beschlag nehmen
etwa ein möglicher Einkauf
von neuen Kleidern oder Schuhen
obwohl ich schon mehr als genug habe
oder Essenspläne
die mögliche Zeiteinteilung des Tages
im Halbstundentakt

Überall bin ich
nur nicht im Augenblick
nur nicht hier bei Dir
kann dir nicht entsprechen
mein großes »Ich bin da«
verzeih

Die kreisenden Gedanken
drehen sich wie meine Wäsche
in der Waschmaschine
das Programm scheint

sich nicht stoppen zu lassen
immer und immer wieder
geht es rund
bis zum Abpumpen und Schleudern
Endlich
das will ich hoffen
wird es durchgelaufen sein
mein eigenes Denkprogramm

Bin ja zu dir aufgebrochen
um anders herauszukommen
als ich hereingekommen bin
Meine schmutzige Wäsche
die getragene von gestern
will ich Vergangenheit sein lassen

Mach uns neu
lass uns strahlen
schenke uns immer wieder
ein reines Herz
das duftet nach dir
mon Dieu

Freitag, 5. Woche

Ein Freitag in Taizé

Es ist ein Freitag, und wie immer wird in Taizé ein »wöchentliches Osterfest« gefeiert, heute das Gedenken an Kreuz und Tod Jesu.

Zunächst ist es mir unbegreiflich, dass mich gerade die Ereignisse dieses Freitags zu einem so großen inneren Frieden führen. Das Mittagessen im Schweigen. Der Besuch bei meinem gekreuzigten Bruder in der Dorfkirche von Ameugny. Die Kreuzverehrung am Abend.

Wie der Zugang zu einer inneren Quelle sind die Worte von Frère Sebastian in einem Workshop am Nachmittag für mich. Er sprach darüber, wie wir Jesus in uns entdecken können, wie Gott und sein Geist in uns arbeiten, und dass es zunächst um ein Empfangen geht. Etwas, das Resonanz in meinem Herzen findet durch ein Wort, einen Menschen, eine Erfahrung.

»*Nothing extraordinary*«, sagt Frère Sebastien, vielmehr hieße es, in einfacher und schlichter Weise einen Weg einzuschlagen. »Lebe das Wenige, das du vom Evangelium verstanden hast«, zitiert er Frère Roger und meint »Gott wird uns überraschen«.

Ich höre und bin überrascht, wie sehr mich die Worte des jungen Bruders bewegen. Es ist so tröstlich, dass mein Ja nicht an irgendwelche asketischen Höchstleistungen geknüpft sein soll. Die vergangenen Jahre ziehen an mir vorüber, und der Gedanke, dass wohl auch ich zu den »Armen des Evangeliums« zählen könnte, macht mich glücklich.

»Gott lebt in jedem von uns, auch wenn wir es nicht spüren«, wiederholen die Brüder oft.

Ich sitze auf der Brücke an der Quelle in Taizé und meine Füße plätschern an der Wasseroberfläche. Es ist gerade so, als wollte ich üben, auf dem Wasser zu gehen.

Abends im Gottesdienst höre ich, wie Jesus den Petrus dreimal fragt: Liebst du mich?

An diesem Freitagabend bin ich sehr ergriffen. Jesus folgen heißt auch, ihm bis unters Kreuz zu folgen. Nachdem die Brüder in einem großen Kreis mit der Stirn bis zum Boden vor dem Kreuz niederknieten, sind alle eingeladen, nach vorne zu kommen, mit der Stirn das Holz des Kreuzes zu berühren und ihre Lasten abzulegen. Auch sonst höre ich die Brüder immer von Lasten, die uns niederdrücken, sprechen, nicht von Sünden.

Ich sehe, wie eine junge Frau weinend von der Kreuzesikone zurückkommt und mir steigen ebenso unmittelbar Tränen in die Augen. Ein Mädchen mit Kopftuch geht an mir vorbei, die eine Chemotherapie hinter sich haben könnte. Auch sie war beim Kreuz. »*Save the ocean*« hat sie auf ihr weißes T-Shirt gemalt. Mit-Leid kann wohl das Herz öffnen, es weiten bis hin zum fernen Golf von Mexiko.

Noch nie war der Weg zum Kreuz für mich so selbstverständlich wie an diesem Freitagabend. Wie selbstverständlich war es für mich, dort an der Seite von Jesus, am Kreuz, hinzuknien, ganz tief, das Holz des Kreuzes zu berühren und all meine Lasten ablegen zu können. An seiner Seite, deren Wunde zu einer Quelle wurde, die alle beleben, versöhnen, vereinen will – durch alle Tode unseres Lebens hindurch.

Samstag, 5. Woche

Gebet

Du siehst mich an
ein Blick genügt
um mir Ansehen zu geben

Du bückst dich
und machst dich klein
einmal genügt
um mich wachsen zu lassen

Du schweigst
Minuten genügen
um Herrschaftsverhältnisse
dieser Welt umzukehren

Du malst in den Sand
Buchstaben im Wind genügen
um dein neues Gesetz
in mein Herz einzuschreiben

Du sprichst mich an
ein Wort genügt
um meine Sprache
wiederzufinden

Du fragst nach mir
einmal genügt
um meinem Leben
Bedeutung zu geben

Du verurteilst nicht
heute und niemals
ein für alle Mal genügt
um mein Leben
neu zu beginnen

zu Johannes 8,1–11

6. Woche: Heilige Woche

Mit meiner Königin beim Brotbrechen

Palmsonntag

Liebe Königin,

vor uns liegt die letzte und schwerste Etappe: die Heilige Woche, so wurde sie früher genannt, mit den Erinnerungen an all die erschütternden Ereignisse, die mit den letzten Tagen im Leben Jesu verbunden sind.

Oft fällt es mir schwer, die ganze Länge dieser biblischen Leidens- und Sterbensgeschichte auszuhalten. Fragst Du Dich nicht manchmal auch, warum diese Grausamkeiten von niemandem gestoppt wurden? Warum kann sich die Spirale der Gewalt immer weiter so unbarmherzig hochschrauben?

Das ganze Volk jubelt Jesus als seinem König zu. Kurz darauf schreit es: »Kreuzige ihn« und setzt ihm die Dornenkrone auf.

Wenn es doch endlich einmal vorbei wäre, denke ich und weiß, dass es bis zum heutigen Tag nicht vorbei ist. Immer wieder gibt es weltweit unzählige unschuldige Opfer: gefangen, verurteilt, bespuckt, gefoltert, aller Würde beraubt, ohnmächtig und allein bis zum bitteren Ende. Jesus stirbt noch heute!

Es ist schwer auszuhalten, dass der Mensch Opfer des Menschen ist. Deshalb möchte ich in dieser Woche den Blick nicht auf die endlose Leidensgeschichte lenken, sondern auf eine kleine Geste von Jesus, die alles verwandeln kann.

Kurz vor seinem Tod hat er noch einmal mit seinen engsten Vertrauten zu Abend gegessen. Dabei nahm er das Brot, brach es und teilte es aus: »Das ist mein Leib!«

Dieses Teilen, sich selber auszuteilen, das beeindruckt mich tief. Und das in einer Lage, in der schon die Würfel gefallen sind und scheinbar nur noch das Böse agieren kann.

Jesus dreht diese Lage um, in der er mit dem Rücken zur Wand steht, und bleibt sozusagen der Handelnde. Anstatt nur ohnmächtig geschehen zu lassen, macht er daraus seine Hingabe, bricht das Brot für die anderen, verschenkt sich selber, gibt sich hin mit Leib und Seele.

Findest Du nicht auch, meine Königin, dass ihm das eine königliche Würde gibt!? Mir zeigt es einen beeindruckenden Ausweg noch in hoffnungslosen Situationen, in denen scheinbar die brutale Gewalt Oberhand über mein Leben gewinnt und mich vernichten will. Ich bin nicht nur hilfloses Opfer. Ich kann alles, was mich trifft, in eine innere Hingabe wandeln.

Brot brechen wie Jesus, das ist Hingabe, das ist sich Mitteilen, das ist Mich-selbst-Verschenken. Das kann ich in vielfältiger Weise und schon mit kleinen Zeichen tun.

Brot, das ist meine Zeit, mein Interesse, mein Talent, meine Aufmerksamkeit mit anderen zu teilen, sogar meine Tränen sind eine kostbare Gabe, die ich mitteilen kann.

Du hast es mir schon vorgemacht, kannst es viel besser als ich, liebe Königin. Ich will es auch versuchen, dieses mein tägliches Brot, meine Möglichkeiten und meine Begabungen, auch mein Tränenbrot, zu brechen und zu teilen –

von Herzen *katharina*

Zum Weiterlesen

Das Mahl
(Lukas 22, 14–19)

Als die Stunde gekommen war, legte er sich zu Tisch und die Apostel mit ihm. Und er sagte zu ihnen: Ich habe mich danach gesehnt, dieses Paschamahl mit euch zu essen, noch bevor mein Leiden beginnt. Denn ich sage euch: Von nun an werde ich es nicht mehr essen, bis es seine Vollendung im Reich Gottes findet. Und er nahm einen Becher, sprach das Dankgebet und sagte: Nehmt ihn und teilt ihn unter euch! Denn ich sage euch: Von nun an werde ich nicht mehr von der Frucht des Weinstocks trinken, bis das Reich Gottes kommt.

Und er nahm Brot, sprach das Dankgebet, brach es und gab es ihnen mit den Worten: Das ist mein Leib, der für euch hingegeben wird. Tut dies zu meinem Gedächtnis!

Montag, Heilige Woche (Karwoche)

Mit dem Evangelium in den Alltag gehen

Die Botschaft meiner Träume beachten

Vor mehr als einem Jahrzehnt hatte ich in der Nacht vom Palmsonntag zum Montag in der Karwoche einen so eindrücklichen Traum, dass ich ihn mir aufschreiben musste. Erst später wusste ich, dass in dieser Karwoche eine Biopsie auf mich zukommen würde, aber dazu an einem anderen Tag mehr.

Im Traum besuchte ich eine mir noch unbekannte Frau mit der Krankenkommunion. Ich war gespannt auf die »Neue«. Zu ihrer Haustür führten alte, ausgetretene Steinstufen. Die letzte Stufe bestand aus einem alten Reisekoffer, der hochkant stand. Es machte Mühe, diese »Koffer-Stufe« zu erklimmen. Als ich oben am steinernen Türrahmen angelangt war, kippte der Koffer um und ich dachte: Da kommst Du jetzt nie mehr raus.

Die Tür war sehr eng und niedrig. Sie erinnerte mich an die schmale steinerne Tür zur Geburtskirche in Bethlehem.

Die »Neue«, der ich die Krankenkommunion bringen wollte, war etwa in den mittleren Lebensjahren. Sie hatte ein breitflächiges Gesicht, das weder Freude noch Trauer zeigte und mich nur anschaute. Sie trug auf dem Kopf kurzes Stoppelhaar wie nach einer Chemotherapie. Mit etwas Beklemmung folgte ich ihr ins Innere des Hauses, das einer Hütte glich, und wir nahmen auf dem Fußboden Platz.

Als ich meine Burse mit den Hostien öffnen wollte, zeigte sie stumm auf eine große Schale. Zu meinem Erstaunen war sie gefüllt mit einer tellergroßen, mittelbraunen Hostie, bei der noch andere Hostien lagen. Die sollte ich verwandeln, gab sie mir ohne Worte zu verstehen.

Ich schüttelte den Kopf, das ginge doch gar nicht. Ich hätte doch die Kommunion in Gestalt dieser kleinen weißen Hostien dabei. Aber sie war nicht von ihrer Überzeugung abzubringen, dass es nun meine Aufgabe sei, die Wandlungsworte über diese Brote zu sprechen.

Plötzlich waren da noch viele andere Frauen neben ihr in der Hütte. Ich wusste nicht, ob sie ebenfalls krank oder ob es ihre Nachbarinnen waren. Sie nickten mir zu und hielten es für selbstverständlich, dass ich nun diesen Dienst übernehmen sollte.

Mit großer Verwunderung nahm ich es wahr und mit großer Verwunderung wachte ich aus diesem Traum auf.

Wie wäre es, in der kommenden Woche …

- einen Fastentag einzulegen und/oder eine Spende an Bedürftige zu überweisen?
- Osterbrot zu backen, zu teilen, zu verschenken?
- allein oder mit anderen zu Hause oder in einer Kirche Nachtwache zu halten, eine Stunde in der Stille, in Meditation und im Gebet?
- über einen Friedhof zu gehen, die Grabsteine abzuschreiten und mich an liebe Verstorbene zu erinnern?
- sich mit anderen Menschen um ein Osterfeuer zu versammeln und sich an Jesus Christus, das Licht der Welt, zu erinnern?
- sich auf das große Osterfest zu freuen?

Dienstag, Heilige Woche

Mein Vater war Bäckermeister in unserem kleinen Dorf an der Mosel. Immer wieder einmal half ich als Jugendliche in seiner Backstube. Vor allem an den schulfreien Samstagen. Sehr früh wurde ich geweckt, und es fiel mir nicht leicht, sozusagen mitten in der Nacht aufzustehen. Spätestens ab 6 Uhr sollten wir den Leuten im Dorf die frischen Brötchen liefern. Papa am Steuer und ich auf dem Rücksitz. Wir fuhren los. Es ging durchs ganze Dorf, vor mir die Liste der Häuser, die wir anfahren mussten, und daneben die gewünschte Anzahl der bestellten Brötchen. Mal waren es fünf oder sieben oder auch nur zwei, die rechtzeitig zum Frühstück da sein sollten. Und das bei jedem Wetter!

Es waren nur kurze Abstände, in denen mein Vater anhielt, und ich beeilte mich, die Papiertüten mit warmen Brötchen zu befüllen. Kaum stoppte der Wagen, sprang ich hinaus und lief im Eilschritt zur nächsten Haustür, manchmal auch Treppenstufen hinauf oder eine steile Anfahrt hoch, um die gefüllte Tüte abzulegen.

Schon damals ging mir durch den Kopf, ob die Menschen wohl ahnten, wenn sie am Morgen ihre Tür öffneten und so einfach und bequem die frischen Brötchen vorfanden, was für ein Arbeitsaufwand und eine Mühe es kostete, ihnen diese frei Haus zum gemütlichen Frühstück zu liefern. Und heutzutage, nach Jahrzehnten, denke ich, dass es wohl eher unrentabel war, einen solchen Service zu bieten.

Doch Brot ist immer mehr als nur Brot. Das langsame Heranwachsen des Weizenkorns in Gottes Schöpfung gehört dazu. Auch die menschliche Arbeit mit aller Mühe und Sorge, oft verbunden mit viel Hingabe und liebevollem Einsatz.

»Wer leben will wie Gott auf dieser Erde, muss sterben wie ein Weizenkorn, muss sterben, um zu leben!«, war das Lied, das sich mein Vater, der Bäckermeister, kurz vor seinem Tod für sein Begräbnis gewünscht hatte.

Ist es im Leben nicht häufig so, dass wir kaum zu schätzen wissen, was es heißt, dass uns da jemand mit großem Engagement das tägliche Lebensbrot zukommen lässt – oft frei Haus, gratis, ganz umsonst!?

Mittwoch, Heilige Woche

Bäckerstöchter

Gottes Töchter
sind Bäckerstöchter
die viel verstehen
von der Sorge
um das tägliche Brot

Sie nehmen den Sauerteig
des Gottesreiches
mischen und kneten es
kraftvoll und geduldig
in den Teig des Lebens
bis alles durchsäuert ist

Es ist der Sauerteig
einer Schwester
seit Jahren gebückt
über die Pflege
im Hospiz der Sterbenden

Es ist der Sauerteig
einer Verlassenen
die ihrem Mann in der Fremde
der am Boden liegt
noch eine Chance gibt

Es ist der Sauerteig
einer Mutter
mit ihrer täglichen Not
um ihr kleines großes Kind
und seine kranke Seele

Es ist der Sauerteig
einer Kollegin
die ihre Arbeit fortsetzt
trotz der Missachtung
als Frau dieser Kirche

Es sind deine Sorgen
und deine Mühe
ja gar dein Schmerz
die dem Brot des Lebens
seinen Geschmack geben
Tochter Gottes

Im Sauerteig
der Töchter Gottes
mischen sich Arbeit und Ohnmacht
Mühe und Tränen
in den Teig
für das tägliche Brot
und es gewinnt den Geschmack
nach Gerechtigkeit und Liebe

Dein Brot
Bäckerstochter
Gottes Tochter
warm und duftend
gegen den täglichen Hunger
wird beim Teilen und Brechen
das An-brechen
des Gottesreiches sein
schon heute

Zu Matthäus 13,33

Donnerstag, Heilige Woche – Gründonnerstag

Besuch bei Frau D.

In dieser Karwoche war ich von morgens um 8.30 Uhr bis nachmittags um 15 Uhr mit der Krankenkommunion unterwegs – ohne Mittagspause oder Essen. In zehn Häusern erzählten mir Menschen von ihren Lebensschicksalen, Schmerzen und Sorgen, und auch danach hätte ich noch zwei Adressen für Besuche gehabt, konnte aber einfach nicht mehr.

Bei Frau D. war ich zum ersten Mal. Sie lebt allein in einem alten Bauernhaus und erzählte mir über eine Stunde lang aus ihrem Leben

Manches hat mich erschüttert, etwa dass die Sanitäter ihren sterbenden Mann aus dem Haus trugen, obwohl sie das nicht wollte, weil sie ihrem Mann doch versprochen hatte, ihn bei sich zu behalten bis zum Schluss. »Wollen Sie Ihren Mann verhungern lassen?«, sei sie gefragt worden, und dabei hätte sie doch deutlich gespürt, dass es dem Ende zugehe. Dass er beim Hinaustragen glauben musste, sie würde ihn im Stich lassen, hätte ihr fast das Herz gebrochen. Und unmittelbar danach sei er auch gestorben.

Als sie meine Betroffenheit sah, sagte sie: »Wissen Sie, ich kann nicht mehr weinen. Auch wenn ich wollte, es geht einfach nicht mehr.«

Nein, sie hätte keinen, mit dem sie sprechen könnte, nur ihre Kinder kämen vorbei und eine Frau würde sie kennen, mit der sie telefonieren könnte.

Freitag, Heilige Woche – Karfreitag

Die blaue Kapsel

Fassungslos schaute ich sie an. Mit vielem hätte ich gerechnet, aber nicht damit. Vor mir ihre bildhübsche Erscheinung in der Mitte des Lebens. Wie immer auffallend chic gekleidet. Ton in Ton. Ihr königsblauer Mantel, Bluse und Rock, eng anliegend, ihre schlanke, weibliche Figur betonend. Elegante Schuhe mit hohem Absatz, wohlgeformte Beine in dünnen Nylons, eine blaue Schleife in ihrem blond gelockten, langen Haar mit den blauen Strähnen, sogar die Corona-Maske passte farblich.

Es war jedoch nicht das Äußerliche, das mich an ihr am meisten beeindruckte. Sie gehörte zu den wenigen regelmäßigen Gottesdienstbesucherinnen unserer Gemeinde, hatte sich im Pfarrgemeinderat engagiert, gehörte zu unserem Katholischen Deutschen Frauenbund und kam zu unserem Bibelteilen, bei dem wir gemeinsam das Sonntagsevangelium lesen und es mit unserem Alltag in Verbindung bringen. Tief verwurzelt war sie in ihrer Religiosität und dem katholischen Glauben ihrer Heimat, dem heutigen Polen. Am bemerkenswertesten jedoch war für mich das Schicksal, das sie bisher durchgestanden hatte.

Die OP an einem Hirntumor, die weitere regelmäßige Chemotherapien zur Folge hatte, und zusätzlich noch die fortschreitende Erkrankung an Multipler Sklerose, die ihr das Gehen immer beschwerlicher machte. Ohne Stock oder Rollator ging es nicht mehr. Neuerdings war es sogar ein elektrisches Gefährt, mit dem sie sich fortbewegte.

Und trotzdem fröhlich und trotzdem lachend, mit einem Glauben, der sie manchmal irgendwo und spontan singen ließ, sodass einige in ihrer Umgebung erstaunt aufhorchten.

Kein Wunder, dass sie ein großes, liebevolles Netzwerk hatte: ihre alte Mutter, einen guten Mann, ihre Töchter und viele Freundinnen.

An diesem Sonntagmorgen aber hatten sich ihre Augen mit Tränen gefüllt. Der Arzt hätte ihr kürzlich attestiert, dass sie neben den körperlichen Symptomen ihrer Krebs- und ihrer MS-Erkrankung nun auch hochgradig depressiv sei.

Das erzählte sie mir nach der Sonntagsmesse noch im Kirchenraum, mit Blick auf den Leidenden am Kreuz hoch über dem Altar. Kein Ausweg in Sicht! Keiner?

Sie sei nun schon eine Weile auf der Suche nach der blauen Kapsel, sagte sie mir. Ich brauchte eine Weile, um die Tragweite ihres Wunsches zu verstehen.

Vor mir stand sie in Königsblau mit königlicher Würde.

Immer wieder ging mein Blick zum Gekreuzigten:

»Lass es nicht eine blaue Kapsel sein, lass es Dein Brot sein, Brot zum Leben«, flehte ich …

Und innerlich weinte meine Königin …

Raum für alles, was unsäglich ist …

Jesus teilt es mit uns.

Samstag, Heilige Woche

Gebet in aller Stille

Das weißt nur du Gott
wie viel Zeit wir verschenken
für andere
nah und fern
ganz leise
dankbar
oder in Sorge
sie behutsam begleiten
auf den Spuren ihrer Sehnsucht
hin zu dir

Das verstehst nur du Gott
wie oft wir hinhorchen
aufmerksam
behutsam
auf fremde Lebensgeschichten
um mit Herzblut
so viel Lieben und Leiden
zu würdigen
das zuinnerst
und außer uns ist

Das siehst nur du Gott
was es uns wert ist
absichtslos
sorgfältig
vielfältige Erinnerungen an das
was Menschsein ausmacht
wachzuhalten
aufzubewahren
für unsere Kinder
für die Ewigkeit

Das kennst nur du Gott
unser stilles Seufzen
das vergebliche Warten
auf verlorenem Posten
unverstanden
dieses tiefe Leiden
ganz umsonst da gewesen zu sein
nicht nur gratis
sondern ganz umsonst
im Sinne von
vergeblich da gewesen
so wie Du

Auferstehung

Was für ein Fest!

Ostern

Liebe Königin,

was für ein Fest!

»Ein Fest ohne Ende«, sagte Frère Roger, und dass wir jeden Tag diesen Weg gehen, durch Schmerzen und Leiden hin zur Auferstehung. Du weißt das auch, meine liebe Königin. Du bist keine Außerirdische, sondern mir so zuinnerst, dass jede kleine Bewegung meines Herzens, Gedanken und Gefühle, meine ganze Seele, offen vor Dir liegen.

Auch das, was hinter mir liegt, ist Dir nicht unbekannt. Gerade erinnere ich mich an dieses intensive Osterfest vor Jahren, an dem ich noch nicht wusste, was das Ergebnis meiner Biopsie sein würde. Am Gründonnerstag zuvor war mir eine Gewebeprobe aus meiner rechten Brust entnommen worden. Es war ein banges Warten bis zum Bescheid mit dem Ergebnis nach den Osterfeiertagen. So bewusst wie noch nie habe ich dieses Osterfest erlebt und zu gestalten versucht.

Du weißt auch, liebe Königin, was ich damals in mein Tagebuch geschrieben habe. Es ging mir so wie den Frauen des frühen Ostermorgens. Ich konnte nicht lange im Bett liegen bleiben, musste einfach aufstehen und schreiben:

»An diesem Ostermorgen war ich die Erste, die aufstand. Draußen der strahlende Sonnenschein eines wunderschönen Frühlingstages wie schon in den vergangenen Tagen, blauer Himmel mit weißen

Schäfchenwolken, die sich hinter dem voll erblühten Kirschbaum vor unserem Haus zeigten.

Als ich den Computer einschaltete, um dies in wenigen Sätzen festzuhalten, schaute ich ganz unmittelbar in Dein Gesicht, Jesus.

Meine Tochter hatte wohl tags zuvor im Internet nach Christusbildern als Vorlage zum Malen recherchiert. Und so kam mir Dein Gesicht an diesem Auferstehungsmorgen als Erstes entgegen. Das hat mich schon seltsam berührt: Ob Du Dich wirklich auch auf solchen Wegen, auf dem Bildschirm meines Laptops, offenbaren willst … Was willst Du mir damit sagen? Suchst Du mich in meinem Leben auf als der Auferstandene?

Der Gedanke, der mich an diesem Ostermorgen am meisten berührt hat, war kein Gedanke aus einer langen Predigt.

Es war der einfache Satz, ein Gebet des Bischofs Joachim Ouédraogo aus Burkina Faso, der an diesem Tag im Misereor-Fastenkalender stand: ›Herr, der Du in der Hütte von Tamguissy auferstanden bist, ich bete Dich an.‹

Und ich fügte meinerseits hinzu: ›Herr, der Du in der Hütte meines Herzens auferstanden bist, ich bete Dich an.‹«

Ich spüre, liebe Königin, genau in diesem Augenblick ist es gut, aufzustehen und weiterzugehen, aufrecht und mit einem Lächeln, so wie Du.

Der Reichtum Deiner Seele, Deine Weisheit und Würde, werden mir den Weg in die Zukunft zeigen, durch alle Beschwernisse und Tode hindurch, dankbar und mit Ostersonne im Herzen

katharina

Immer noch
dieser Sonnenaufgang
am ersten Tag der Woche
für die Frauen des frühen Morgens
mit dem Grab von gestern im Blick
und dem Stein der Trauer vorm Herzen

Immer noch
dieses Blütendach als Himmel
nach dem ihre Fingerspitzen greifen
um zu sehen
um sicherzugehen
dass es noch duftet
das Leben
zart und zerbrechlich
es sanft zu berühren
und zu entfalten
mit dem Atem der Hände
zärtlich die Wunden zu salben

Immer noch
dieser Auferstehungshimmel
über blutgetränkter Erde
Licht vom Licht
und ein Tod
der mitgenommen wird
vom Leben

Zum Weiterlesen

Das Osterevangelium
(Lukas 24,1–12)

Am ersten Tag der Woche kamen die Frauen im ersten Morgengrauen zum Grab und brachten den Balsam, den sie bereitet hatten. Da fanden sie den Stein vom Grab weggewälzt und gingen hinein, fanden aber den Leichnam des Herrn Jesus nicht. Während sie noch ratlos davorstanden, traten zwei Männer in strahlenden Gewändern zu ihnen. Sie erschraken und senkten den Blick zu Boden. Die Männer aber sagten zu ihnen: Was sucht ihr den Lebenden bei den Toten? Er ist nicht hier, sondern er ist auferweckt worden. Erinnert euch an das, was er euch gesagt hat, als er noch in Galiläa war: Der Menschensohn muss in die Hände der Sünder ausgeliefert und gekreuzigt werden und am dritten Tag auferstehen. Da erinnerten sie sich an seine Worte. Sie kehrten vom Grab zurück und verkündeten alles den Elf und allen übrigen. Die Magdalenerin Maria, Johanna und Maria, die Mutter des Jakobus, und die übrigen, die bei ihnen waren, erzählten es den Aposteln. Doch ihnen kamen diese Worte wie leeres Gerede vor und sie glaubten ihnen nicht. Petrus aber stand auf und lief zum Grab, beugte sich hinein, sah aber nur die Leinentücher. Voll Verwunderung über das, was geschehen war, ging er heim.

Mit dem Evangelium in den Alltag gehen

Auferstehungsmomente schon hier und jetzt sehen, auch mitten in Sterben und Tod

Es waren Frauen. Frauen, die bis zuletzt unter dem Kreuz ausgeharrt hatten, waren auch die ersten, die an diesem ersten Tag der Woche im ersten Morgengrauen zum Grab gingen.

Frauen sollten die Ersten sein, denen diese unglaublichste aller Botschaften zugemutet wurde: »Was sucht ihr den Lebenden bei den Toten? Jesus lebt!«

Starke Frauen, in denen noch die Erinnerungen an ihren gemeinsamen Weg mit Jesus lebendig war; die ihre Furcht hinter sich ließen, die ein unbegreifliches Vertrauen ins Leben und seine unverhofften Wendungen hatten, die sich nicht abhalten ließen von der Geringschätzung ihrer Worte als »Weibergeschwätz«, sondern dem entscheidenden Auftrag zur Verkündigung des Lebendigen nachkamen: »Geht und erzählt es euren Brüdern und allen anderen!«

»Wir können es mit unserem Verstand nicht begreifen, wollen aber darauf vertrauen, dass Du die Macht hast!«, bete ich zu Beginn jeder Trauerfeier im Blick auf die Auferstehung unserer Toten.

Ja, ich habe als Seelsorgerin schon viele Königinnen und Könige verabschiedet. In jedem Menschenleben, egal, wie es verlaufen ist, egal, wie es zu Ende ging, konnte ich diese königliche Würde entdecken. Sie stirbt nie!

Ganz eindrücklich bleiben mir vor allem viele Frauen und Familienmütter in Erinnerung, jünger oder älter, die für ihre Kinder wie Löwinnen mit letzter Kraft, oft unter großen Schmerzen, darum gekämpft haben, dass das Leben, dass ihre Liebe den Sieg davonträgt und nicht der Tod.

Gestorben wird für das Leben!

Ich denke an Birgit, deren Leben im Weihnachtsfestkreis zu Ende ging. Auch der Tod ist eine Neugeburt. Sie durfte zu Hause im Wohnzimmer sterben, liebevoll umgeben von Ehemann, Sohn, Schwiegertochter und zwei Enkelinnen. Im Advent hatte sie nicht von ihren Schmerzen gesprochen, sondern noch einmal ihre Backkünste unter Beweis gestellt.

Im Trauergespräch mit ihrer Familie nach ihrem Tod brachte ihr Ehemann vier große Dosen aus der Küche, gefüllt bis zum Rand mit ihren feinsten Weihnachtsplätzchen.

»Was machen wir jetzt damit?«, fragte er leise.

»Wir essen davon!«, schlug ich vor.

Ihre Enkelinnen waren die Ersten, die mit mir zugriffen. Es schmeckte ihnen so gut. Wir aßen schweigend in Erinnerung an ihre Oma. Wie nahe und lebendig waren die Abendmahlworte Jesu: »Tut dies zu meinem Gedächtnis!«

Auch Abschiedsworte können Brot zum Leben sein. Ich denke an Federica.

Unbedingt wollte die junge Mutter in ihrem letzten Lebensjahr noch die Erstkommunion ihres Jüngsten mitfeiern, und sei es mit Sauerstoff-Flasche und Schlauch in der Nase.

Lachend war sie auf dem Foto neben ihrem Sarg zu sehen, vor ihrem Gesicht schillernde Seifenblasen, die sie ihren Kindern beim Spielen zugepustet hatte. In einem Abschiedsbrief hatte sie ihnen geschrieben: »Ich schau vom Himmel auf euch runter, und ich werde bei euch sein. Ihr könnt mit mir reden und auch mit Papa. Und wenn er mal etwas laut wird, ist das nicht schlimm, denn er hat euch genauso lieb wie ich.« – Liebesworte einer Königin aus Ewigkeit.

Lebensgeschichten sind es, die ich gehört habe, Geschichten von Königinnen und Königen, mitten in Trauer und Tod.

Gestorben wird für das Leben!

Ist das Baby schon da?
fragt die alte Frau
in der Klinik
wohl wissend
dass sie austherapiert
und dem Tode nahe ist

Und man schiebt sie
mit dem Krankenbett hinunter
auf die Entbindungsstation
wo Tochter und Schwiegertochter
fast gleichzeitig
den Geburtstermin erwarteten

Auferstehung

Ja das Baby war da!
Nicht nur eines
gleich zwei Urenkelkinder
werden der Urgroßmutter
in die Arme gelegt
ein seltenes Erinnerungsfoto
ein Foto für die Ewigkeit
die Liebe stirbt nie

Hochbetagt und neugeboren
Tod und neues Leben
liegen sich in den Armen
so nahe beisammen
Geheimnis des Glaubens
im Tod ist das Leben

Wie wäre es, in der kommenden Zeit …

- nie aufzugeben, durchzuhalten, wenn es sein muss, und auf das Licht am Ende des Tunnels zu warten?
- immer wieder einmal die Augen zu schließen, innezuhalten, dem eigenen Atem zu lauschen?
- mit der Fantasie der Liebe viele kleine Dinge zu tun, die mich und andere hoffen lassen und ein Lächeln aufs Gesicht zaubern?
- Ostern zu feiern, Jesus, den Auferstandenen, im Sinn, nicht nur heute, sondern so oft wie möglich! »*Gracias a la vida!*« zu flüstern, zu singen wie Mercedes Sosa in ihrem schönsten Lied »*Gracias a la vida!*«

Die Autorin

© *Lea Thiel*

Katharina Barth-Duran, geb. 1956, ist eine engagierte Kirchenfrau zwischen Haupt- und Ehrenamt, zwischen Familie und Gemeinde. Sie wirkt als Pastoralreferentin im Beerdigungsdienst, in der Frauenseelsorge, in Supervision und Coaching der Erzdiözese Freiburg und als Referentin. Atempausen findet sie beim Bibelteilen in einer Gruppe des Katholischen Deutschen Frauenbunds (KDFB), in der Stille von Taizé oder bei Kontemplationskursen im Haus Gries. Als Autorin schreibt sie über Alltägliches und wie Gott darin zu finden ist. Sie lebt in Schwaigern bei Heilbronn.